Mes prisons allemandes

: expériences d'un officier pendant deux ans et demi

en tant que prisonnier de guerre

Horace Gray Gilliland

Writat

Cette édition parue en 2024

ISBN : 9789359943428

Publié par
Writat
email : info@writat.com

Contenu

PRÉFACE

L' écrivain a été si constamment et si sincèrement sollicité pour écrire ses expériences, et si fatigué de les raconter, qu'il a finalement décidé de publier un bref compte rendu des choses telles qu'elles se sont réellement produites, à sa connaissance personnelle, au cours de ses deux ans et demi. un an et demi d'emprisonnement en Allemagne. Il est également encouragé à le faire pour d'autres raisons, plus importantes. Il y a tellement de gens dans tout notre Empire qui ont le malheur d'avoir des amis et des relations intimes en captivité en Allemagne. De l'avis de l'écrivain, ces gens devraient connaître, par quelqu'un qui a fait une expérience amère, dont ces pages témoigneront, les véritables conditions dans lesquelles existent ceux qui leur sont les plus proches et les plus chers.

Pour ceux qui ont plus de chance et qui pourraient être enclins à être sceptiques à l'égard des articles de journaux faisant état de la brutalité allemande, on espère que ce récit sera une révélation.

En outre, nombreux sont ceux qui se sentent déjà las de la guerre et découragés et qui, par conséquent, sont peut-être prêts à saisir toute opportunité de faire la paix, même sur la base du *statu quo* . Si les révélations divulguées ici font prendre conscience à ceux-ci du caractère infâme, implacable et sauvage des Huns, délibérément déshumanisés par l'État pour les besoins de l'État, l'écrivain sentira que son travail n'a pas été vain.

CHAPITRE I

CAPTURÉ PAR LES BOCHES

UN aperçu des circonstances qui ont conduit à ma prise de guerre est plus ou moins indispensable. Nous avons été appelés à tout moment d'une autre partie de la ligne, où notre division était en réserve, vers une position en face d'une ligne de nos tranchées perdue par l'ennemi quelques heures auparavant dans sa tentative d'avance sur Calais. Ces tranchées avaient été tenues par des régiments indiens, et on ne leur reprochait pas de les avoir perdues. D'après ce que nous avons vu, ils ont dû vivre une période assez difficile.

C'est en reprenant ces trois lignes de tranchées que je fus prisonnier. Je pense que cette position était connue sous le nom de position du canal La Bassée . Notre brigade s'est constituée au crépuscule vers 16 h 30, en face des tranchées que nous allions attaquer. Ici, nous étions sous des tirs d'obus intermittents, mais les victimes étaient très peu nombreuses. D'après ce que nous pouvions constater et d'après les informations reçues, nous étions à environ quatre-vingts mètres des Boches . Pendant que nous attendions l'ordre d'avancer, la pluie, qui commençait à tomber, se transforma en averse, accompagnée d'effroyables éclats de tonnerre. Avant que la tempête ne s'apaise, la commande attendue arriva. Immédiatement, je me suis précipité pour informer mon commandant de compagnie, mais entre l'obscurité, le tonnerre fracassant et le rugissement de notre propre artillerie et de celle des Boche , accompagnés du crapuleux tat-tat des mitrailleuses ennemies, je n'ai pas réussi à le faire. le trouver.

Conscient de la nécessité immédiate d'une action et du danger de laisser exposé le flanc de l'unité sur notre gauche, j'ai été obligé d'agir de ma propre initiative, étant le seul autre officier de la compagnie. Les difficultés de commander une compagnie complète en action, sans aucun autre officier dans la compagnie, sont grandes ; mais lorsque cette action se déroule dans l'obscurité, sur un terrain inconnu, cela devient une simple chance si les choses se passent bien.

Lorsque nous eûmes pris la première ligne de tranchées à la baïonnette et consolidé la position, sans entendre les éclaireurs envoyés en reconnaissance , j'allai voir la deuxième ligne des Boches . Sur le chemin du retour, j'ai reçu une balle dans l'articulation de la cheville, ce qui ressemblait exactement à un coup de marteau. C'est étrange à dire, je n'ai ressenti aucune douleur et j'ai découvert que je pouvais me débrouiller en utilisant le pied comme une sorte de moignon. La sensation était très similaire à celle ressentie lorsque le pied s'endort. Peu de temps après, mon infirmier m'informa que la compagnie sur ma droite se préparait à avancer, et immédiatement des acclamations m'informèrent qu'ils l'avaient fait, et nous repartirent en avant.

Comment j'ai pu diriger les hommes, je ne le sais pas, mais d'une manière ou d'une autre, ma cheville semblait bien faire le travail. La ligne boche était à une centaine de mètres , et un peu trop loin pour attaquer d'un seul coup. En conséquence, nous nous efforcions d'établir la supériorité du feu, quand, à ma grande alarme, je m'aperçus qu'on nous tirait dessus en flanc. Une reconnaissance découvrit qu'il s'agissait d'une demi-compagnie d'hommes sans officier, appartenant à un autre régiment situé à ma gauche. Immédiatement, je les organisai en appui et, peu après, je pris d'assaut la deuxième ligne boche . J'utilise le terme « assaut » faute de mieux, puisque les Boches avaient quitté leurs tranchées, ne laissant que des blessés. Nous avions à peine une minute de répit dans cette tranchée que, de nouveau, nous apprîmes par la droite que nos hommes avançaient, et ainsi de suite. Mais ici, les Boche se sont vraiment battus ; mais nos hommes, bien entraînés, ne reculaient devant rien. Nous avons bien rendu compte de nous-mêmes dans cette dernière tranchée, mais les hommes étaient encore et encore ; heureusement, un fossé profond arrêta leur progression et nous nous arrêtâmes de nouveau pour nous consolider.

Vers huit heures du soir, l'officier responsable de notre compagnie du quartier général est arrivé sur la ligne de front et a fait un excellent travail, aidant à renvoyer un bon nombre d'hommes, car nous étions trop nombreux. C'est ici qu'une fois l'excitation passée, je connaissais ma blessure, qui me faisait extrêmement mal. Cependant, il y avait trop de choses à faire pour que je puisse m'y résoudre. Toute la nuit, nous avons attendu une contre-attaque, mais rien ne s'est produit, à l'exception de pilonnages et de tirs isolés. Le lendemain, vers quatre heures du matin, l'artillerie ennemie commença à s'activer et, à l'aube, nous découvrîmes que l'ennemi s'était précipité vers nous pendant la nuit, à une distance facile pour lancer des grenades. Leur artillerie devint de plus en plus intense. J'ai remarqué quelques obus de 15 pouces, dont l'un a touché directement, mais n'a pas explosé. Nous avons fait deux ou trois raids sur les têtes de sève, mais notre succès n'a été que temporaire.

Vers 8 heures du matin, l'officier commandant la ligne de front me rendit visite et m'informa qu'il se trouvait dans l'impossibilité de faire face aux bombes, n'ayant rien pour répondre et que les munitions manquaient également. Il pensait que la position deviendrait bientôt intenable, auquel cas il se retirerait et, s'il le jugeait opportun, il m'enverrait l'ordre de faire de même. Je n'ai jamais reçu ces commandes; et bien que j'eusse pris toutes les précautions possibles pour rester en contact avec les unités à ma droite et à ma gauche, la compagnie de mon propre bataillon à ma droite réussit à procéder à sa retraite avant que je m'en aperçoive. A cause de la formation du terrain, il nous était impossible de voir quoi que ce soit qui se passait sur nos flancs ; nous étions donc entièrement dépendants de nos éclaireurs pour toutes informations.

Vers 9h30, l'unité à ma gauche s'est retirée inopinément, sans m'envoyer aucune explication quant à ses raisons.

Puis soudain, il y a eu le tir de l'artillerie du diable, et un gros obus est tombé près de moi, et j'ai ressenti une commotion cérébrale au côté droit, comme si j'avais été frappé par un bélier. Je me sentais soulevé, et l'instant suivant, j'étais à bout de souffle sous un tas de débris. Mes poumons étaient presque en train d'éclater lorsque certains de mes hommes m'ont retiré. Pendant quelques minutes, tout resta vide, puis la première chose que je sus, c'est que les Boches étaient dans notre tranchée, à droite et à gauche. Immédiatement, j'essayai de faire sortir les hommes et de me retirer, pour découvrir que les Boches avaient repris derrière nous la deuxième ligne de tranchées, qui jusqu'alors nous servait de tranchées d'appui. Nous n'avions pas de tranchées de communication entre la première et la deuxième ligne, car nous n'avions pas d'outils pour les construire. Nous avions donc l'ennemi sur quatre côtés. La seule chose à faire était de leur faire payer cher. À chaque instant, je m'attendais à entendre des acclamations britanniques nous annonçant que nos réserves attaquaient de nouveau, mais, hélas ! aucun n'est venu.

Je ne sais pas exactement à quelle heure les Boches nous ont encerclés : je pense vers 10 h 30. Nos effectifs étaient alors d'environ deux cents hommes ; mais nous avons tenu la tranchée pendant cinq heures et demie, après quoi nous n'étions plus trente. Et puis, tout à coup, les Boches nous ont bombardés. Le résultat était définitif. Personnellement, je gisais au fond de la tranchée, incapable de faire ou de comprendre quoi que ce soit.

Il ne m'est jamais venu à l'esprit que je pourrais être fait prisonnier vivant, car j'avais accepté cela comme une certitude que j'en finirais là où je gisais. Inconsciemment, je me demandais ce que ça ferait de se faire éclater la cervelle avec la crosse d'un fusil. Est-ce que ce serait très douloureux ? De toute façon, ce serait plus rapide. Et puis je me souviens que quelqu'un me relevait brusquement, où je restais appuyé contre le bord de la tranchée, tandis que les mains d'un Hun à l'haleine la plus puante fouillaient mes poches et arrachaient mes boutons. Je ne me souviens pas de son apparence, seulement de l'odeur répugnante de son haleine. Peu à peu, j'ai commencé à retrouver mes sens normaux, suffisamment pour regarder autour de moi, et j'ai constaté que trois de mes hommes avaient été rassemblés, qui avaient tous l'air plutôt bien faits, puis est venu un ordre brutal de partir (*Auf stehen*), dont aucun de nous ne prêta la moindre attention, jusqu'à ce que l'ordre soit exécuté à l'aide de la baïonnette ; puis nous avons été poussés à coups de baïonnette dans les tranchées de communication ennemies, qui étaient alors recouvertes de boue jusqu'à la taille.

En traversant pour ainsi dire le No Man's Land, j'ai été horrifié de voir les Allemands achever nos blessés à coups de baïonnette. Alors que nous nous précipitions à travers les tranchées boueuses allemandes, malgré nos blessures, nous entendions des cris et des cris, démontrant que les Boches continuaient à massacrer honteusement nos blessés impuissants. Environ trois cents mètres en arrière, nous fûmes remis à un officier allemand qui inspecta nos effets personnels afin de recueillir tous les renseignements possibles sur nos positions. Cet officier était insultant, mais pas brutal. Au bout de quelques minutes, nous fûmes remis par lui à la garde d'un sous-officier bavarois, pour être transportés à la base divisionnaire, qui se trouvait alors à La Bassée . Ce sous-officier nous a d'abord conduits dans la pirogue de quelques amis, où tous nos effets personnels nous ont été arrachés. Les boutons et insignes régimentaires ont été arrachés. Seul le fait que j'avais été blessé à la cheville par une botte, de sorte que le dessus de la botte était détruit, m'a empêché d'entrer pieds nus en Allemagne. En fait, ils m'avaient arraché ma botte gauche avant de découvrir l'état de la droite. Mon étui à cigarettes, mes jumelles, ma boussole à prisme, mon argent, ma chevalière, enfin tous mes effets personnels, ont été volés.

Des trois hommes qui m'accompagnaient, l'un a été touché à la mâchoire, perdant rapidement ses forces à cause de la perte de sang, un autre a reçu une balle dans les yeux et est devenu totalement aveugle, et le dernier a été touché à l'abdomen. Il serait tout à fait impossible d'imaginer leurs souffrances en étant obligés de marcher dans leur état grièvement blessé à travers les tranchées, parfois jusqu'à la taille dans la boue. Une telle insensibilité est très difficile à comprendre, mais elle fait évidemment partie intégrante de la composition boche .

Un morceau de tranchée à travers lequel nous avons dû nous frayer un chemin témoignait des effets de notre magnifique travail d'artillerie, car il était littéralement encombré de morts allemands, sur les corps desquels nous étions obligés de marcher. L'un de nos gardes, qui était en tête, a délibérément piétiné les cadavres de ses camarades, dont beaucoup n'étaient pas morts, les poussant dans la boue gluante, et quand j'ai montré mon dégoût, on s'est moqué joyeusement de moi. Un peu plus loin, nous arrivâmes à une tranchée sur laquelle se rangeait notre artillerie. Cela parut une bonne occasion pour nos gardes de prendre un peu de repos, et pour que les choses ne soient pas trop ennuyeuses, on nous fit sortir de la tranchée et nous mettre debout sur le parapet. Je ne peux pas expliquer pourquoi aucun de nous n'a été touché, mais le sort a évidemment refusé aux Boches le divertissement dont ils rêvaient.

En continuant notre route, nous rencontrons de petits groupes de renforts qui montent sur la ligne de front. Dans chaque cas, nous avons été poussés hors de la tranchée, alors qu'il y avait suffisamment de place pour que ces hommes puissent passer. D'aussi loin que je me souvienne, alors que nous avions parcouru environ un mile, un de mes hommes, mentionné précédemment comme ayant reçu une balle dans la mâchoire, s'est effondré à cause d'une perte de sang. Le garde lui accorda un répit de deux ou trois minutes, puis le repique de la pointe de sa baïonnette. Cela s'est produit trois fois. La dernière fois, un des gardes, exaspéré par notre lenteur, passa sa baïonnette dans la poitrine de l'homme. Peu après, nous quittons les tranchées et nous retrouvons sur la route principale menant à La Bassée . Ensuite, les deux hommes et moi-même avons continué cet affreux voyage bras dessus bras dessous sur la route de La Bassée , l'aveugle soutenant mon côté droit, mais suivant mes instructions, mon bras gauche soutenant l'homme touché au ventre, qui était par là. moment pratiquement délirant.

Finalement, après ce qui nous a semblé être un voyage interminable, nous sommes tombés sur La Bassée , où notre garde nous a remis à un autre sous-officier à la périphérie de la ville, qui nous a conduits au quartier général de la brigade. Cet homme semblait plus ou moins gentil, m'offrant même une cigarette. Presque immédiatement, j'ai été conduit devant un officier qui m'interrogeait, avec qui j'ai refusé de parler avant que mes deux hommes ne soient transportés à l'hôpital ; il accepta immédiatement, apparemment surpris que nous n'ayons pas retenu l'attention sur la ligne de front. Après avoir personnellement vu mes hommes entrer dans le poste de secours de la Croix-Rouge, j'ai été de nouveau conduit au quartier général de la brigade. J'ai signalé à l'officier qui l'interrogeait le meurtre délibéré d'un de mes hommes et l'absence totale de l'aide de la Croix-Rouge. Cet officier a souri d'un air incrédule et a fait remarquer qu'il pensait que je devais exagérer, mais qu'il se renseignerait. Qu'il l'ait jamais fait ou non, bien sûr, je ne peux pas le dire. Au moment d'écrire ces lignes, je n'ai pas pu retracer ce qui est arrivé aux deux hommes que j'ai laissés à La Bassée .

En ce qui concerne l'interrogatoire, il va sans dire que très peu d'informations ont été recueillies auprès de moi. En demandant des soins médicaux pour moi-même, on m'a informé que je devrais recevoir tout ce dont j'avais besoin au poste, où j'ai été escorté par un autre gardien. Cet homme s'est révélé d'une grande gentillesse, puisqu'à mon arrivée à la gare, ne trouvant aucune trace de la Croix-Rouge, il m'a aidé à ôter mes pantalons et mes culottes, tandis que je nettoyais mes plaies à la cheville et au ventre sous une pompe. Le garde a lavé de mes puttes et de mes pantalons la boue épaisse et visqueuse dont ils étaient recouverts et m'a aidé à me rhabiller avec des vêtements propres mais mouillés. Peu de temps après, je fus conduit dans une salle d'attente de la gare, où j'y trouvai trois autres officiers, dont un de mon propre régiment, qui avaient été faits prisonniers de bonne heure le même jour.

À ce moment-là, il faisait pratiquement nuit, probablement vers cinq heures du matin. Une heure après, deux ou trois officiers allemands entrèrent et se montrèrent aussi désagréables et insultants que possible, sortant plusieurs balles Dum-Dum dont ils nous accusèrent d'avoir utilisé, discutant entre eux de l'opportunité de nous faire sortir et de nous tirer immédiatement dessus pour avoir brisé le champ de bataille. règles de la guerre civilisée , une remarque résolument humoristique sortie de la bouche d'un Hun. L'un des officiers britanniques parlant allemand argumenta sur la stupidité d'une telle accusation, mais en vain.

Vers huit heures du soir, nous fûmes transportés avec quelques hommes dans des wagons de quatrième classe sous bonne garde vers une gare sur la route de Lille, où nous passâmes la nuit dans une dépendance qui avait un petit poêle et un petite paille. Ici, nous avons essayé de sécher certains de nos vêtements, un de nos propres officiers m'habillant la cheville avec son pansement de campagne. Ici aussi, un sous-officier allemand nous apporta de la soupe chaude, accompagnée de pain noir. Pendant la nuit, alors que le poêle s'était éteint, un de nos gardes, remarquant certains dormeurs grelottant de froid, essaya de les recouvrir de paille. C'était un petit acte de gentillesse dont je me souviendrai toujours. Nous avons remarqué qu'aucun petit acte de gentillesse comme celui-ci n'était jamais accompli par un soldat allemand lorsqu'un de ses officiers ou sous-officiers était présent ou à proximité.

Vers tôt le matin, on nous ordonna de remettre nos vêtements à moitié secs et, vers six ou sept heures, nous montâmes dans des voitures de quatrième classe et fûmes conduits à la gare de Lille. De là, nous avons marché jusqu'à la vieille forteresse de Lille. En chemin, nous avons reçu de nombreux signes de profonde sympathie de la part de la population belge ; la plupart des femmes semblaient pleurer et j'ai remarqué que les hommes montraient la tête en signe de respect. À deux ou trois reprises, des femmes ont essayé de mettre du chocolat dans les mains des hommes. Dans un cas où l'un des gardes allemands a vu une femme faire cela, il l'a frappée avec la crosse de son fusil. De nombreux Allemands nous ont crié des insultes, mais le garde à côté de moi a fait remarquer qu'il ne fallait pas faire attention à ces personnes, car ce n'étaient que des soldats employés sur les lignes de communication et n'avaient donc jamais été en première ligne, donc ils ne savaient pas quoi. les combats étaient. Je mentionne cela parce qu'il est si rare de trouver un esprit de chevalerie parmi les Boches , et dans un récit de ce genre, il n'est que juste d'écrire à la fois les bons et les mauvais côtés de leurs caractères.

CHAPITRE II

EN BÉTAILLIER À MUNDEN

A notre arrivée à la forteresse, nous fûmes séparés des hommes et les officiers furent soumis à un nouvel interrogatoire. En demandant des soins médicaux immédiats, on nous a assuré qu'ils seraient immédiats. Lorsque nous entrâmes dans la chambre qui nous était réservée, nous trouvâmes trois autres officiers britanniques, faits prisonniers quelques jours auparavant, et qui se mirent aussitôt à nous préparer un repas avec leurs maigres provisions. Il n'y avait qu'un seul vrai lit dans la maison, qui me fut immédiatement cédé ; le reste n'était que de sales paillasses jetées à terre. Un aide-soignant belge était prévu pour nous soigner et nous apporter la ration journalière. Il a également eu le privilège de se rendre dans la ville de Lille et d'acheter de petits extras, mais à un prix très élevé, comme nous l'avons vite découvert.

Plus tard, nous apprîmes que les quartiers du rez-de-chaussée de la forteresse étaient occupés par un certain nombre de troupes indigènes et, le lendemain, un de mes frères officiers leur rendit visite et les trouva vivant dans des conditions très insalubres, souffrant beaucoup du froid. , du fait que les Allemands les avaient débarrassés de leurs capotes. Ces pauvres gens étaient donc vêtus comme pour leur climat et souffraient cruellement. Cependant, ils avaient été assez bien traités à d'autres égards et avaient suffisamment à manger. Dans l'après-midi du même jour, il y eut un grand brouhaha parmi eux, dû au fait qu'un Baboo (agitateur professionnel) les haranguait dans l'enclos de la forteresse. L'un de leurs majors subahdar nous a exprimé son extrême dégoût face à la tentative allemande de falsifier leur loyauté. L'essentiel de l'agitation était d'inciter les troupes indigènes à abandonner leur allégeance à la couronne britannique et à lutter contre les Russes sur le front de l'Est.

Tout au long de la journée, je demandais continuellement des soins médicaux, mais j'étais toujours découragé par la réponse selon laquelle le médecin était attendu à chaque minute. Cette farce médicale s'est poursuivie pendant toute la durée de notre séjour à Lille, mais aucun médecin n'est jamais arrivé. Un soigneur de la Croix-Rouge m'a effectivement rendu visite, mais après examen, il a déclaré qu'il n'était pas compétent pour traiter le cas et qu'il devait s'en remettre au médecin.

Dans la nuit du 25 décembre, nous fûmes transportés avec un grand nombre d'hommes, composés de troupes britanniques, françaises, belges et de quelques indigènes, de la forteresse à la gare principale de Lille. Lorsque nous sommes arrivés là-bas, l'ensemble s'est avéré brillamment illuminé par des arbres de Noël décorés, exactement comme on le voit lors d'une fête d'enfants, toute la population allemande étant en tenue de fête. Cette fois-ci, nous étions heureusement tenus à l'écart des civils et des autres personnes, de sorte que les risques d'être insultés étaient considérablement réduits.

Presque aussitôt, nous fûmes rassemblés sur une longue plate-forme et nous arrêtâmes en face d'une file de camions à bestiaux crasseux, avec les portes coulissantes habituelles au centre et deux petites trappes en hauteur sur le côté. Je mentionne ces derniers, car c'est à travers eux que nous avons été lapidés plus tard au cours du voyage par certains des ennemis chevaleresques.

Dans ces camions, nous étions entassés. Dans notre camion, nous étions cinquante et un, dont des officiers, des Tommies britanniques , quelques Français et quelques zouaves. L'intérieur du camion était d'une saleté dégoûtante et n'était même pas pourvu de paille.

Bien entendu, il n'était pas possible pour tous de s'allonger ou de s'asseoir. Les blessés l'ont fait, mais la plupart des autres sont restés debout. Personnellement, je ne me souviens pas beaucoup de ce terrible voyage. Mes blessures me faisaient tellement mal que, avec les secousses du camion, le froid extrême et le manque de nourriture, je suis devenu pour la plupart et heureusement inconscient de mon environnement général. Quelques-uns des incidents restent cependant dans ma mémoire. Par exemple, à plusieurs reprises, lorsque le train était arrêté dans de petites gares, les grandes portes coulissantes du camion étaient ouvertes et des soldats allemands entraient et volaient aux officiers et aux hommes toute sorte de vêtements chauds qu'ils auraient pu conserver. des griffes des Huns sur le terrain lui-même, Burberrys étant leur objectif particulier. On imagine bien combien il était exaspérant de ne pouvoir rien faire pour se défendre contre de telles intrusions. Nous avons aussi beaucoup souffert de la faim et du froid. Personnellement, je n'ai pas tellement souffert du premier, probablement à cause de l'état de mes blessures ; mais je sais que mes compagnons étaient affamés, car nous avions très peu mangé à Lille, rien dans les camions toute la première nuit et rien tout le lendemain. Durant cette période également, aucune mesure sanitaire d'aucune sorte n'a été prise pour nous.

Tôt le matin du deuxième jour, deux gardes allemands furent placés avec nous, avec également un petit banc sur lequel ils pouvaient s'asseoir. Ces deux hommes se sont montrés extrêmement gentils, insistant pour rester debout et laissant certains blessés s'asseoir sur le banc prévu pour eux-mêmes, partageant également une partie de leurs rations avec quelques-uns d'entre nous.

Malheureusement, ces hommes ne sont restés parmi nous que quelques heures. Peu de temps après leur départ, on nous a fourni beaucoup de boîtes de confiture ou de poisson, contenant de l'eau chaude jaunâtre à boire. On l'a recherché avec impatience, mais en l'échantillonnant, il était évident qu'il avait été pollué. En même temps, par l'une des petites trappes mentionnées plus haut, une ration de pain noir aigre était jetée sur nous, comme on jette des restes à un chacal en cage.

Le soir même, je crois, nous arrivâmes à Cologne, où nous passâmes la nuit dans une voie d'évitement. Sur la grande plate-forme de Cologne, nous avons vu des membres de la Croix-Rouge allemande, à qui nous réclamions de la nourriture, et qui sont immédiatement allés la chercher. A leur retour, les sentinelles allemandes placées à la porte du camion ne permettaient pas qu'il en soit transmis aux Schweinhund Englanders. Un peu fut cependant distribué aux Français, qui le partageèrent très généreusement avec nous. Ma portion particulière consistait en environ deux pouces d'une petite saucisse crue.

J'ai oublié de mentionner que ce dernier jour, à deux reprises, alors que les hommes se précipitaient vers des latrines, la cruauté diabolique de nos gardes était telle qu'ils ne laissaient pas aux hommes le temps d'accomplir ces tâches et, dans un cas, exposaient un un homme déshabillé, devant une foule de civils qui se moquaient de lui ; aussi que plusieurs fois en chemin nous avons été lapidés par la population à travers les petites trappes du camion, un ou deux des hommes étant grièvement blessés.

Vers l'après-midi du troisième jour, nous atteignîmes Munden , Hanovre, où nous fûmes débarqués, conduits dans une salle d'attente et reçus par la Croix-Rouge une ration indispensable de soupe chaude et de pain. Après cela, nous avons été défilés, séparés des hommes et avons marché jusqu'au camp de Munden , qui est situé sur les rives de la rivière Weser, à une distance d'environ un mille et demi de la gare. Ici, j'ai de nouveau signalé mon état à l'officier responsable de notre groupe, mais je n'ai rien gagné, pas même un moyen de transport jusqu'au camp. L'officier a déclaré qu'un véhicule arrivait pour les blessés. J'ai répondu : « Noël aussi », mais de toute évidence, il ne l'a pas vu. Quoi qu'il en soit, le résultat était que nous devions marcher. Nous arrivâmes au camp dans la soirée, et fûmes immédiatement isolés dans une chambre, où nous trouvâmes des paillasses jetées par terre, remplies de paille. Quelques draps et couvertures grossiers étaient également fournis, ainsi qu'un lavabo et un coffre-fort. Je mentionne ce dernier parce que l'infirmier allemand chargé de s'occuper de nous continuait à ramasser ce bestial bootjack en gesticulant que tout était fourni, même un bootjack. Le lendemain, nous fûmes de nouveau interrogés et nos effets personnels, tels que des lettres, des cahiers et de l'argent, dont certains de mes confrères officiers avaient encore en leur possession, furent temporairement confisqués. L'équivalent de l'argent était cependant restitué en monnaie allemande. Après cela, on nous a attribué des chambres et nous avons constaté, à notre grand dégoût, que nous devions être séparés. Les Allemands, ayant découvert que les Britanniques étaient beaucoup plus heureux lorsqu'ils étaient seuls, s'arrangeèrent pour qu'un officier britannique occupe toujours une pièce remplie d'officiers de toute autre nationalité que la sienne. C'est de cette manière que les Boche montrèrent une hostilité marquée à l'égard des officiers britanniques, en comparaison de celle manifestée à l'égard des Russes ou des Français. Dans la pièce où je fus personnellement envoyé, il y avait déjà quinze Russes.

Peu de temps après m'être vu attribuer des chambres, j'ai été conduit à l'hôpital, où, au rez-de-chaussée du bâtiment, la blessure à la cheville a été pansée de manière satisfaisante ; mais ils ne semblaient pas savoir quoi faire de la blessure corporelle. Constatant que trois des côtes étaient cassées du côté droit, ils tentèrent en quelque sorte de les fixer et de les lier. Le médecin qui le traitait était un petit animal arrogant, âgé d'environ dix-neuf ou vingt ans, et qui ne semblait pas connaître grand-chose de son métier. Après cela, je suis retourné dans ma chambre pleine de Russes et je me suis couché.

Le camp de Munden était une ancienne usine pétrolière, transformé à la hâte en camp de prisonniers de guerre. Il y avait là environ huit cents prisonniers au moment de notre arrivée, mais d'autres sont arrivés après un ou deux mois de séjour. La chambre à coucher n'avait pratiquement aucun meuble d'aucune sorte. Une étagère sur laquelle étaient placées des bassines en fer blanc servait de lavabo, et il y avait deux seaux pour l'eau. Deux petites tables et une douzaine de chaises environ, avec une petite étagère d'environ cinq pouces de large passant au-dessus de la tête de chaque lit, complétaient l'ameublement des chambres. Outre les chambres à coucher, une partie du rez-de-chaussée de l'usine servait de salle à manger. Le logement ici se composait de quelques tables et chaises sales. Pour ajouter à l'inconfort, les plafonds et les murs huileux avaient été blanchis à la chaux, pour créer une apparence de propreté. Naturellement, elle se craquait en séchant, de sorte que les cheveux, les yeux et les vêtements se recouvraient d'une fine poudre de chaux, mélangée à la poussière qui filtrait à travers les planches du plancher des chambres à coucher du dessus. La cantine, l'hôpital et la salle de bain étaient également répartis au rez-de-chaussée. La cantine cuisinait et fournissait les rations quotidiennes. Ici, nous pouvions acheter du pain, du fromage, de la confiture et du café, et parfois des fruits en conserve, ainsi que divers articles de toilette.

La ration journalière n'était ni appétissante ni particulièrement variée. Pain noir et café tous les jours au petit déjeuner. Le repas de midi se composait, presque sans exception, soit de poisson et pommes de terre, soit de porc et pommes de terre. Le poisson était très rarement mangeable, mais le porc était souvent très frais. Même le jour où ce n'était pas le cas, à condition de ne pas avoir un sens aigu de la couleur , c'était plutôt bon. Je fais référence aux teintes arc-en-ciel qui se reflètent souvent sur sa surface.

Certes, cette façon de servir les rations ne contribuait pas à les rendre appétissantes . Les aides-soignants devaient faire la queue devant la cantine pendant quatre ou cinq heures avant le repas de midi, jusqu'à ce que leur tour soit servi. Ils commandaient et payaient ensuite la ration allouée au nombre d'officiers auxquels ils étaient nommés. Leurs rations étaient ensuite jetées dans des seaux ordinaires et servis aux officiers. Les pommes de terre constituaient le principal aliment de base, même si le fromage et le beurre étaient plutôt bons. Le pain noir était horrible et provoquait de violentes indigestions, à cause de son état humide et pâteux.

La meilleure partie du camp étaient les bains, qui étaient assez bons, l'eau chaude et froide étant disponible jusqu'à midi, sauf le dimanche. L'espace réservé au terrain d'exercice était une étendue boueuse d'environ quatre-vingt-dix mètres carrés, entourée de deux lignes de fil de fer. Dans cette cour, dépassant du rez-de-chaussée de l'usine, se trouvait une longue latrine en bois, qui était l'endroit le plus affreux qu'on puisse imaginer, simplement une série de trous creusés dans le sol, sans aucune forme d'évacuation. La seule tentative pour les vider a été faite par nos propres infirmiers, qui les ont pompés et ont jeté le contenu dans un autre grand trou juste à l'extérieur du grillage. Par une journée chaude, avec le vent soufflant vers le camp, il devenait impossible du tout de faire de l'exercice dehors ; et vers février 1915, pour visiter ces mêmes latrines, il devint absolument nécessaire de se couvrir la bouche et le nez. Dans cette même cour, les détritus généraux du camp étaient entassés de toutes sortes d'ordures pourries, sur lesquelles pullulaient les mouches. A l'intérieur du camp était infesté de poux, surtout dans la chambre d'hôpital. Les officiers russes souffraient de cette peste depuis longtemps avant l'arrivée des Britanniques, et aucune tentative n'avait été faite de la part des Allemands pour débarrasser le camp de cette vermine, ni par fumigation, ni de toute autre manière.

Vers la fin du mois de mars, alors qu'on m'avait transporté de ma chambre vers un lit de l'hôpital situé au rez-de-chaussée, j'ai demandé à un de nos officiers, qui, en raison d'un grand nom de famille, semblait avoir plus d'influence auprès des Boches : , pour se plaindre auprès du commandant de l'état de saleté épouvantable qui règne dans l'hôpital, certains lits étant littéralement remplis de plusieurs milliers de poux. L'issue de cette plainte a abouti à l'importation d'incinérateurs dans le camp, après quoi la situation s'est nettement améliorée.

CHAPITRE III

LA NUTRITION DE LA VIE DE CAMP

DURANT notre captivité à Munden, le temps passa plus lourdement, je pense, qu'à toute autre époque ultérieure, en raison du fait que nous n'avions pratiquement pas de lectures. Les colis et les lettres venant de chez nous étaient très rares. Aucun quotidien ni périodique d'aucune sorte n'était autorisé, pas même allemand, seulement un journal intitulé *The Continental Times : A Journal for Americans in Germany* — probablement le journal le plus scandaleux jamais produit, dont des exemplaires devraient certainement être imprimés après la déclaration de paix. , et vaudrait une guinée un exemplaire, je peux vous l'assurer. Il n'y avait qu'une douzaine de romans anglais dans le camp, et aucun moyen d'en obtenir davantage ; par conséquent, pour occuper son esprit, il fallait les relire encore et encore ; De plus, pour aggraver les choses, il était interdit de fumer, comme mesure générale, parce que certains officiers russes chantaient leur hymne national dans la cour un dimanche - le confinement dans des cellules, avec les criminels ordinaires dans la prison civile, située dans la ville, étant le plus important. pénalité s'il est surpris en train de fumer. Personnellement, j'ai soudoyé certains gardes pour qu'ils me procurent des cigarettes. On peut bien imaginer qu'il fallait les payer très cher, environ quatre pence pièce, pour une cigarette de très basse qualité fabriquée à partir de tabac allemand, ce qui était un prix moyen. Même alors, on ne pouvait en acheter qu'un nombre limité. Assez souvent, une cigarette était divisée en deux et partagée avec un ami, de sorte que l'on en prenait rarement plus que quelques bouffées. Les cigarettes arrivant par colis de chez nous ne nous ont bien sûr pas été livrées.

Mes colis de chez moi commencèrent à arriver assez régulièrement vers la fin février 1915, après avoir été très longs à acheminer. Parfois, des livres étaient inclus, que les Huns mettaient des mois à censurer ; et on n'était pas toujours sûr de les recevoir, même s'ils étaient écrits des années avant le déclenchement de la guerre, de peur qu'ils ne contiennent des informations sur un sujet quelconque qui pourraient s'avérer utiles aux prisonniers.

À une occasion, tous les officiers de nationalité irlandaise reçurent l'ordre de se rendre auprès du commandant. A cette époque, nous n'étions que deux, mais nous avons réussi à tirer un peu d'amusement de l'entretien. Par exemple, il ne pouvait pas comprendre comment il était possible que des Irlandais, du nord ou du sud, puissent servir dans des régiments anglais, puisque la plus grande animosité existait entre les Irlandais et leurs oppresseurs anglais. Nous avons été informés que, comme nous étions irlandais, des dispositions étaient prises pour nous transférer dans un autre camp, où les conditions seraient bien meilleures. Nous avons remercié le commandant, mais finalement nous n'en avons plus jamais entendu parler. Il s'agissait évidemment d'une tentative de falsifier notre loyauté.

Peu après notre entrevue avec le commandant, tout le camp reçut l'ordre de vacciner contre le typhus, ce qui fut immédiatement exécuté par le médecin visiteur, le même petit arriviste décrit plus haut, qui prenait une grande joie à enfoncer l'aiguille aussi brutalement et profondément que possible. de sorte que la plupart d'entre nous ont été très endoloris pendant un certain temps après.

La majorité des officiers essayaient de passer leur temps à acquérir des langues, plusieurs étudiaient le russe et presque tous apprenaient le français ou se perfectionnaient dans cette langue. Quelques-uns se mirent à l'allemand, prenant des cours de ce dernier auprès d'officiers français, dont certains parlaient parfaitement l'allemand. Les gens au pays pourraient penser que les officiers qui n'ont pas profité d'une occasion apparemment si bonne d'apprendre des langues étrangères et, ce faisant, ont passé de nombreuses heures fatigantes, étaient extrêmement stupides ; mais, croyez-moi, c'est une toute autre affaire d'étudier chez soi ou à l'université, où l'on peut être plus ou moins tranquille, que d'étudier en tant que prisonnier en Allemagne, où il est extrêmement difficile, voire presque impossible, d'obtenir un diplôme. moment de paix. Laissez le lecteur imaginer, s'il le peut, essayer d'apprendre une langue étrangère avec l'ensemble des autres personnes présentes dans sa chambre babillant à haute voix d'autres langues. Les officiers et leurs instructeurs étaient généralement vus assis sur leurs lits, faute d'autres places, dans une atmosphère étroite et étouffante, avec un bavardage continu qui se poursuivait de toutes parts. Supposons, par exemple, que vous appreniez l'allemand et que, dans le lit voisin, à moins d'un mètre, quelqu'un d'autre répète le français à haute voix. Sur le lit de l'autre côté, on aurait un cours de russe, et peut-être, dans le coin le plus éloigné de la pièce, beaucoup de Français de la Légion étrangère s'efforceraient de maintenir leur arabe, groupés autour des conduites d'eau chaude. une discussion animée, soit en français, soit en anglais, sur la durée probable de la guerre, les conditions de la paix, etc., aurait lieu.

Parlez de la Tour de Babel ; cela ne pouvait pas être dedans. Pour ajouter à la distraction générale, il faut expliquer que les portes des chambres à coucher étaient toutes percées d'un petit treillis de verre, à travers lequel les sentinelles placées à l'intérieur du bâtiment nous surveillaient continuellement. Vous levez soudainement les yeux de tout ce que vous faites, que ce soit pour étudier, lire ou faire votre toilette, pour trouver un visage crasseux pressé contre le treillis, surveillant furtivement chacun de vos mouvements. Naturellement, la simple vue de leurs visages laids si proches faisait bouillonner les entrailles d'un désir désespéré de les atteindre.

J'ai déjà dit que le camp de Munden était situé directement sur les rives de la Weser, de l'autre côté de laquelle passait une voie ferrée, le long de laquelle on voyait souvent des troupes aller et venir. Un jour, quelques-uns de ces soldats, pensant s'adonner à un peu de sport, commencèrent à tirer sur le camp depuis le train, qui roulait à cet endroit sur une pente très raide, et une balle passa effectivement à travers une fenêtre d'une des pièces. et se logea dans le plâtre du mur d'en face. Heureusement pour les prisonniers, personne n'a été touché ; mais ce n'était pas la faute des Boches . Tirer sur des camps de prisonniers contenant des prisonniers sans défense ferait certainement appel à l'humour de l'esprit allemand. Bien entendu, des plaintes furent adressées au commandant, mais, comme d'habitude, elles n'aboutirent à rien.

De petits groupes continus de prisonniers arrivaient toujours au camp, accompagnés d'un officier et d'un garde allemands. L'un de ces officiers, voyant un groupe de Britanniques assis dans la salle à manger, s'approcha très poliment et leur exprima sa tristesse de les voir là, mais leur dit de se remonter le moral, car la guerre serait bientôt terminée. En fait, il a déclaré : « Nous serons à Londres dans six semaines. » A noter que cette remarque a été faite en février 1915 ! Il a également ajouté que Londres était déjà partiellement détruite. Il ne se vantait pas et semblait être un type plutôt honnête ; mais il pensait vraiment que ce qu'il disait était vrai. C'est la chose la plus extraordinaire que le gouvernement allemand, en collaboration avec sa presse, ait réussi à faire croire à son peuple n'importe quel mensonge, même au point que Londres était en flammes et que la population vivait de rats, et que des ports maritimes comme Southampton et Portsmouth ont été détruits par les tirs de leur flotte. Cette dernière m'a été contée en toute foi à la forteresse d'Ingolstadt en 1916.

Une grande émotion fut un jour provoquée parmi nous à Munden par le fait qu'on avait vu un infirmier russe portant de la cantine une assiette sur laquelle étaient posés en cérémonie deux œufs au plat. Il n'avait pas parcouru cinquante mètres qu'il fut entouré d'officiers, tout à fait étourdis à la vue de deux œufs, qui lui demandaient où il les avait trouvés, s'il y en avait d'autres, et combien il en prendrait pour eux, les officiers en offrant vingt. ou trente marks pour les œufs. Mais malheureusement, l'infirmier était fidèle à sa confiance. Il semblait qu'ils avaient été achetés en guise de faveur spéciale du commandant à un général russe qui souffrait de maux d'estomac et qui n'avait pu manger quoi que ce soit de solide depuis très longtemps. Bien sûr, tout le monde se précipitait à la cantine pour commander des œufs, mais rien ne se faisait, la vue des œufs restant dans nos mémoires comme un beau rêve.

C'est une tâche très difficile d'écrire un quelconque récit intéressant sur la vie en général dans ce camp, puisque chaque jour était plus ou moins le même que le précédent. Peu de choses sont venues varier la morne monotonie, aussi le lecteur doit-il s'excuser si je raconte certains événements qui me paraissent d'un extrême intérêt, mais qui peuvent être ennuyeux pour le lecteur occasionnel. Par exemple, je propose de vous raconter de manière sommaire comment un certain officier britannique s'est échappé de Munden , puisque ce fut la seule évasion pendant mon emprisonnement là-bas. Il a déjà été enregistré comment j'avais été emmené de ma chambre à l'hôpital au rez-de-chaussée. Un autre occupant de l'hôpital dans le lit voisin de moi était un subalterne britannique qui a récemment réussi à s'échapper d'Allemagne. Je n'ai donc aucune hésitation à enregistrer son courageux effort, après avoir obtenu sa permission de le faire.

Au moment où j'écris, cet officier souffrait d'une terrible maladie de peau, probablement causée par la consommation du mauvais porc déjà décrit. Ses membres inférieurs étaient pratiquement une plaie, mais il réussit à s'échapper du camp enveloppé dans des bandages. Malheureusement, lui et quelques trois ou quatre officiers russes qui s'étaient enfuis avec lui furent rattrapés après avoir été absents pendant cinq ou six jours et à moins de soixante-dix milles de la frontière hollandaise, ayant échoué principalement par épuisement. Le moyen de fuite était aménagé grâce à une ancienne bouche d'aération désaffectée, qui menait de l'usine à certaines dépendances, passant au-dessus des têtes des sentinelles et des deux clôtures de fil de fer qui entouraient le camp.

Les Russes envisageaient de percer le mur de l'usine en face de cette bouche d'aération et, si possible, de l'utiliser comme moyen de passer les sentinelles sans être vus. Il semble qu'un des officiers supérieurs russes ait obtenu l'autorisation de louer un piano et d'utiliser l'une des pièces comme salle de musique générale. Le piano fut placé contre le mur de l'usine, juste en face de l'endroit prévu pour heurter la bouche d'aération désaffectée, et laissé dans cette position pendant un certain temps, afin de détourner l'attention. Puis, alors que plusieurs musiciens jouaient toutes sortes d'instruments et d'airs, le mur derrière le piano fut progressivement enlevé, et bien que les Boches entraient et sortaient continuellement de la pièce, ils ne se doutaient de rien. Le ratissage du mur a été effectué avec le seul instrument disponible, *à savoir* un petit canif ordinaire.

Lorsqu'ils eurent percé la bouche d'aération, ce qui dut demander beaucoup de travail , une belle nuit sombre fut choisie pour la tentative. Ayant été préalablement prévenu du moment où cela devait avoir lieu, j'ai aidé le lieutenant ——— de toutes les manières possibles. Cela consistait à me lever de mon lit et à enfiler une capote par-dessus mon pyjama . Sous la capote se trouvait un ensemble complet de mufti, acheté principalement auprès des Russes, que je transportai devant les sentinelles jusqu'à la salle de musique mentionnée ci-dessus, déposant le paquet en cachette. A mon retour, le lieutenant quitta l'hôpital et se rendit à la salle de musique, après quoi je ne le revis que trois semaines plus tard, le jour même où tous les officiers britanniques furent transférés dans un autre camp en Saxe.

Aussitôt que le lieutenant... sortit de l'hôpital, je m'occupai à rembourrer tous les oreillers disponibles en forme d'homme, à les placer dans son lit et à couvrir le tout de draps et de couvertures bien remontés autour de la tête, de sorte que lorsque le Boche L'infirmier de l'hôpital venait faire sa tournée avec les médicaments. La dernière chose la nuit, il pourrait, avec un peu de chance, se laisser tromper et imaginer le lieutenant endormi au lit dans son attitude habituelle, c'est-à-dire avec la tête presque entièrement enveloppée par le lit. vêtements. Cette ruse fut une totale réussite. J'ai expliqué à l'infirmier, à son arrivée, que le lieutenant... avait un très mauvais mal de tête et venait de s'endormir, et que, comme ce serait bien dommage de le déranger, s'il le voulait, je lui donnerais le médicament dès son réveil. L'infirmier, trop désireux de terminer son travail, accepta avec empressement. Les autres Russes qui s'étaient également enfuis furent remplacés par leurs amis restés sur place, de la manière suivante. Comme chaque chambre à coucher était divisée par une cloison en bois, il était assez facile de ménager un passage par lequel un homme pouvait se faufiler. Lorsque l'appel arrivait la nuit, les Russes répondaient d'abord à leurs noms dans leur propre chambre, puis se faufilaient tranquillement dans le passage préparé et répondaient ensuite aux noms de leurs amis dans la pièce voisine.

Le lendemain matin, le sous-officier boche se présente à l'hôpital et exige la signature du lieutenant ——— sur une traite d'argent qui vient d'arriver de chez lui. Encore une fois, je l'ai repoussé et j'ai dit à l'infirmier qu'il assumerait une sérieuse responsabilité s'il réveillait le lieutenant dans son état actuel, en lui montrant du doigt sa forme apparemment endormie dans le lit. La ruse a encore réussi, mais je dois dire que je pensais que tout était fini à ce moment-là.

Ce soir-là, il y avait une trentaine de Russes rassemblés dans la salle de musique, tentant également leur chance, mais ils s'y comportaient d'une manière si stupide qu'ils attirèrent l'attention des gardes à l'intérieur du bâtiment, et avant qu'une douzaine d'entre eux n'aient eu avoir pu passer par le trou, les soupçons des Boches furent éveillés. Une perquisition a été effectuée dans la pièce, et bien sûr tout a été découvert. Cependant, comme je l'ai dit, quelques-uns d'entre eux s'étaient déjà enfuis. Une recherche précipitée et précipitée fut effectuée par les Boches dans les environs immédiats du camp. Mes codétenus ont décrit ce qu'ils pouvaient en voir depuis le dernier étage de l'usine : comment les sentinelles se précipitaient d'un buisson à l'autre, portant de grandes lanternes à huile dans une tentative ridicule de trouver des prisonniers cachés sous des buissons d'environ deux pieds de haut. , lorsqu'une épaisse couverture en forme de bois s'étendant sur des kilomètres encerclait tout le camp. Les Boches avaient aussi toute une brigade de chiens attachés à des chaînes pour les aider, mais ils semblaient aussi inutiles que leurs maîtres.

Cependant, tous ceux qui ont réussi à s'enfuir ont finalement été capturés. En fait, il est très douteux que le premier groupe, dont faisait partie le lieutenant..., aurait été repris si l'autre groupe avait attendu, disons une semaine, avant d'essayer la même chose ; mais comme ils prenaient le même chemin que les autres, ils ne faisaient qu'amener les Boches tout droit sur la piste du premier lot, qui ne jouait guère le jeu. Chaque officier au fur et à mesure de sa reprise était ramené au camp, mais n'était pas autorisé à assister à aucune des cours martiales de ses frères officiers. Des peines de différentes durées ont été prononcées contre eux et ils ont tous été incarcérés dans des cellules de la prison civile de la ville de Munden .

CHAPITRE IV

NOTRE DÉMÉNAGEMENT À BISCHOFSWERDA

ENVIRON trois semaines après les événements que nous venons de décrire, tous les officiers britanniques furent retirés de Munden . Comment cela s'est produit et comment cela s'est produit pourrait intéresser le lecteur. Nous avons pu faire part de notre situation à l'ambassadeur américain, M. Gerard, envers qui tous les prisonniers britanniques auront toujours une dette de gratitude. J'écrivis à ma famille, décrivant le véritable état du camp, et demandant aux autorités de procurer une visite d'inspection de l'ambassadeur américain. Cela a pris environ trois mois, à cause du temps où nos lettres ont été accrochées au bureau de censure allemand. Nous avons reçu la visite de M. Gérard en personne vers la mi-avril 1915, lorsqu'il a été conduit à travers le camp par l'officier supérieur britannique et a vu par lui-même tous les détails dégoûtants. Le résultat de sa représentation auprès des autorités allemandes à Berlin fut notre expulsion de ce lieu pestilentiel le 28 avril. Avant notre départ, le temps, étant donné que nous étions bien au printemps, devenait de plus en plus chaud chaque jour, et par conséquent l'assainissement se retrouvait rapidement dans un état alarmant. Depuis quelques semaines, des Russes tombaient soudainement malades et étaient toujours évacués très discrètement sur des civières couvertes. Comme ils ne gisaient pas dans la chambre d'hôpital du camp, nous avons demandé à l'infirmier ce qui se passait ; il a dit : « Je ne sais pas, mais ils sont allés à l'hôpital pour la typhus. »

Je me souviendrai toujours du voyage vers notre nouveau camp de Bischofswerda et avec quels brillants espoirs nous avons reçu l'ordre d'emballer nos marchandises et nos vêtements dans la nuit du 27 avril, afin d'être prêts à partir à 4h30 le lendemain matin. . Faire nos valises n'a pas pris beaucoup de temps, car nos seules possessions étaient nos vêtements, quelques précieuses boîtes de conserve de nourriture et quelques livres tout aussi précieux. Lorsque nous nous sommes rassemblés dans la cour le lendemain matin, nous avons constaté que nous étions environ deux cents : quatorze Britanniques, le reste étant composé de Français, de Russes et de quelques Belges.

Le voyage jusqu'à Bischofswerda s'est déroulé plus ou moins sans incident, sauf qu'au lieu de camions à bestiaux nous étions dans des compartiments de quatrième classe, ce qui était un luxe extrême après notre dernière expérience - et aussi qu'à deux reprises en chemin nous sommes descendus du train et avons reçu une ration. de nourriture, ce qui n'était pas trop mal. Nous avons été décemment traités par l'officier responsable, commandant en second du camp de Munden , qui s'est toujours comporté avec courtoisie envers les prisonniers. Malheureusement, il n'était que le commandant en second. S'il avait été commandant, la vie là-bas aurait été bien plus facile.

Nous arrivâmes à la gare de Bischofswerda vers onze heures du soir et marchâmes vers le camp, situé à un mille et demi de là, à la périphérie de la ville. A notre arrivée là-bas, nous fûmes accueillis très rudement par notre nouveau commandant, mais l'endroit était si beau , propre et aéré que nous ne lui prêtâmes aucune attention. Notre changement était certainement très positif. Bischofswerda , avec ses longs couloirs de pierre, nous paraissait un paradis. L'officier allemand qui nous avait transportés là-bas prit congé aussitôt après avoir remis sa charge au nouveau commandant et nous souhaita très gentiment bonne chance dans notre nouvelle demeure.

Vers deux heures du matin, nous fûmes tous attribués nos chambres et, en les voyant, nous nous félicitâmes de nouveau de notre délivrance de Munden . Le camp était une toute nouvelle caserne de cavalerie. Les quartiers étaient bien planifiés et magnifiquement propres. Comme nous avons apprécié la propreté après Munden ! Les installations sanitaires étaient excellentes : chasses d'eau, etc., ainsi qu'une bonne et grande salle de douche carrelée en pierre, avec eau chaude et eau froide. Naturellement, le temps chaud était limité à un certain nombre de minutes. Une bonne cantine, une salle à manger et une grande salle transformée en chapelle pour les différents services religieux, qui servait également de salon de musique ; aussi une petite pièce réservée comme hôpital et cabinet de consultation, le tout étant situé au rez-de-chaussée, les chambres à coucher étant aux deuxième, troisième et quatrième étages. Les chambres étaient chacune réservées à des infirmiers. Cela semble plutôt joli, mais quand on n'a qu'un infirmier pour chaque salle contenant de huit à dix officiers, et que cet infirmier est en même temps en fatigue générale pour les Boches , ce n'est pas si bon qu'il y paraît. Nos aides-soignants étaient chargés de nettoyer les couloirs, les passages et les escaliers, d'éplucher les pommes de terre, de s'occuper du réfectoire et de tout autre travail que les Boches pourraient vouloir faire.

Lors de notre inspection — ou *Appell* , comme on appelait l'appel —, nous constatâmes que nous avions été précédés la veille par une trentaine de Canadiens récemment capturés, auprès desquels nous recevions avidement les dernières nouvelles du front et du vieux pays, et étions grandement satisfaits. Je fus ravi de constater que les choses en général n'étaient pas un millième aussi mauvaises qu'on nous l'avait représenté. Non pas que le lecteur doive croire que nous avons avalé tout ce qu'on nous a dit ; mais lorsqu'on n'a pas de nouvelles de chez soi, mois après mois, sur la situation réelle, il est impossible de rester toujours optimiste - même si, en effet, dans les années qui ont suivi, les semaines se sont succédées, sans aucun progrès perceptible de la part de l'Entente. , nous sommes toujours restés optimistes, avec des périodes de dépression occasionnelles ; mais la note clé chez nous était toujours *sur les auras* .

Après avoir entendu toutes les nouvelles, nous nous rendîmes à la cantine et découvrîmes, à notre grande joie, que nous pouvions acheter, entre autres choses, un petit pain blanc et aussi des œufs ; en fait, presque tout pouvait être obtenu à cette heure-là en commandant la veille : œufs, viande, beurre, pain, laitue et bien d'autres petites choses. Bien sûr, on payait des prix absurdes ; mais nous pouvions acheter de la nourriture, c'était tout ce que nous souhaitions − et la nourriture était également servie depuis la cuisine dans des assiettes et des ustensiles de cuisine propres. En effet, nous étions tombés dans le giron des dieux. Une assez grande proportion de la ration réelle était comestible, bien qu'extrêmement monotone, le pain étant de couleur brun clair et, bien que plutôt collant et spongieux, une très grande amélioration par rapport à l'horrible pain de Munden . À la cantine sèche, on pouvait acheter presque tout, pour peu qu'on choisisse de payer : d'assez bonnes cigarettes, des cahiers et du matériel d'écriture, des articles de toilette, des transats, en fait la plupart des choses dont un prisonnier pouvait avoir besoin. Peu de temps après notre arrivée, la cantine produisait même du vin et du cognac. Le vin était au début tout à fait buvable, mais il devint bientôt de pire en pire, jusqu'à ce qu'il ne devienne rien de plus ni de moins qu'un alcool sucré, qui avait un très mauvais effet sur l'estomac. L'eau-de-vie s'épuisa bientôt, après quoi l'ordre fut donné de ne plus vendre. Vers août 1915, nous pouvions acheter occasionnellement du gibier et de la perdrix, et pour des occasions spéciales, comme Noël 1915, une oie, dont le prix atteignait environ dix shillings la livre, mais cela en valait quand même la peine.

À l'extérieur du bâtiment, le terrain d'exercice et le terrain d'entraînement de l'école de cavalerie, entourés de deux rangées de grillages d'environ huit pieds de haut, servaient de terrain d'exercice aux prisonniers. Entre les deux rangées de sentinelles grillagées étaient placées à environ trente-cinq mètres l'une de l'autre. Tous les cinquante mètres, une puissante lampe à arc, élevée selon des normes élevées, révélait les dessins d'un évadé potentiel. Le terrain de parade mesurait environ quatre-vingt-dix mètres sur soixante mètres et le manège quatre-vingt-dix mètres sur quarante-cinq mètres. Ce dernier était recouvert de sable profond et servait de terrain de football aux prisonniers, très difficile pour un jeu rapide comme le footer, mais néanmoins très apprécié. Au début, le terrain de parade n'était utilisé que pour la marche, mais après beaucoup de persuasion et d'argent, les Britanniques construisirent deux courts de tennis en dur. J'oublie combien cela coûtait, même si j'étais secrétaire du club, mais c'était aux alentours de 3 000 marks chacun, soit 300 £ pour les deux, bien que presque tout le travail ait été effectué par les dirigeants eux-mêmes. seuls deux hommes très âgés et un petit garçon constituaient la contribution boche au travail , et ceux-ci passaient la plupart de leur temps à manger, du moins c'est ce qu'il nous semblait. Cependant, nous avons eu recours aux tribunaux, ce qui était l'essentiel.

Le déroulement général de la journée à Bischofswerda était le suivant : *Appel* (ou appel) à 6 h 45, dehors sur la place d'armes ; puis le petit déjeuner à huit heures, composé d'une tasse de café chaud, disons de troisième ordre, et d'un petit pain blanc, qui était assez bon ; suivi d'un dîner, servi entre 11h30 et 12h30 dans trois groupes différents, vingt minutes seulement étant allouées pour chaque séance, y compris le débarras et la préparation de la séance suivante. Cela était dû à la taille limitée de la salle à manger, qui mesurait seulement environ 40 pieds sur 30 pieds, trop petite pour accueillir 350 officiers. Le dîner, en règle générale, consistait en un peu de viande hachée enveloppée dans du chou bouilli, servie avec une choucroute très désagréable. La viande était bonne, mais comme elle était préparée de cette manière presque tous les jours, elle devenait un peu monotone. Parfois, en dessert, nous prenions une compote de fruits (ça a l'air plutôt sympa, mais ce n'était pas le cas), ou un peu de fromage, qui était toujours bon, ainsi que deux tranches de pain allemand K , ou du pain noir, assez sain, même si personnellement je je n'ai toujours pas aimé ça. Le dîner avait lieu à 7h30 ou 8h30, composé d'une sorte de saucisses froides, de deux autres fines tranches de pain noir et d'une petite noisette de margarine. *Appell* a de nouveau terminé la journée à 9h30.

Le lecteur peut ne pas trouver les rations données très bonnes ou très mauvaises, selon ses idées sur ce qu'il pense que les officiers prisonniers devraient recevoir. Il doit cependant garder à l'esprit que l'officier paie cette ration à raison de 5 £ par mois pour un capitaine et de 3 £ pour un subalterne. Néanmoins, je pense qu'il était possible de vivre des rations telles qu'elles existaient en 1915 à Bischofswerda . Quoi qu'il en soit, quelle que soit la nourriture, le fait qu'elle soit servie proprement représentait la moitié de la bataille. Dans le même temps, il faut comprendre que les rations allemandes ne sont pas restées ainsi après octobre 1915, car l'allocation aux prisonniers en viande, pommes de terre et pain a progressivement diminué, jusqu'à ce que la ration hebdomadaire de viande tombe à 75 grammes ou environ 2 ⅔ onces. ., les pommes de terre diminuant proportionnellement. Le pain restait du même poids, mais de qualité inférieure.

Le commandant nous agaçait et nous amusait tour à tour, même si dans l'ensemble il aurait pu être bien pire, et il était généralement assez raisonnable lorsqu'il était sobre, ce qui, je crois, ne l'était jamais le week-end. Lorsqu'il assistait au défilé tôt le matin, il criait et criait d'une voix rauque, nous appelant : « Schweinhunde , alle der Englander sind » . Schweinhunde , moi

Herren » (Tous les officiers anglais sont des chiens de porc). Dernièrement, il a abandonné cette idée, car après une visite de la commission américaine, nous nous sommes plaints d'avoir été insultés lors d'un défilé. Il a été assez lourdement mitraillé depuis le quartier général.

À tout prendre, comme je l'ai déjà dit, nous aurions pu avoir un commandant bien pire, ses aboiements étant toujours pires que sa morsure. L'homme qui servait d'interprète aux officiers britanniques ne contribuait pas à faciliter nos relations avec le commandant, car il était à la fois un porc et un idiot, parlait à peine anglais et nous insultait directement à chaque occasion possible, même s'il était seulement un privé. Bien que des centaines de plaintes aient été envoyées au commandant, aucune suite n'a jamais été prise en compte.

Un jour, j'ai reçu de chez moi le magazine intitulé *The Captain* . Selon les règles, il devait être censuré par l'interprète avant de pouvoir être reçu par l'officier auquel il était envoyé. Au bout d'une semaine, je l'ai naturellement demandé à l'interprète. Il me répondit que je ne pouvais pas l'avoir, car il contenait une histoire de guerre : ce qui était tout à fait vrai : il s'agissait de la campagne napoléonienne ! Ma réponse à cette objection futile fut « Damnation ! » Le lendemain, j'ai été placé devant le commandant et condamné à vingt- quatre heures en cellule pour avoir dit « Au diable la nation allemande », ce qui était l'interprétation de ma « Damnation » donnée au commandant par l'interprète. Même si l'un des officiers supérieurs, qui parlait parfaitement allemand, s'est adressé au commandant en ma faveur et lui a expliqué que « Damnation » ne voulait rien dire de tel, il a refusé de douter de la parole de son interprète et j'ai fait mes vingt-quatre heures. heures! Les vingt-quatre heures furent plutôt un repos tranquille, en fait, et je l'appréciai plutôt ; mais l'injustice flagrante de la chose était un cas typique de ce qu'un officier devait supporter.

Cependant, nous avons finalement réussi à faire retirer cet interprète, principalement grâce au fait que le cas ci-dessus a été porté à l'attention de la Commission américaine lors de sa prochaine visite. Mais nous avons seulement sauté de la poêle dans le feu, car nous avons eu un autre interprète, cette fois sous la forme d'un officier, qui s'est avéré bien pire. Parfois, j'ai au cœur de plaindre ce dernier, puisqu'il y a deux ou trois officiers français et une demi-douzaine d'Britanniques qui l'attendent après la guerre, et alors je pense qu'il n'en aura pas assez. Vers cette époque, tous les officiers furent de nouveau avertis de la vaccination contre le typhus et le choléra, mais l'opération fut conduite d'une manière beaucoup plus douce que la fois précédente.

CHAPITRE V

MON VOYAGE À CLAUSTHAL

AFIN de montrer l'attitude générale à l'égard du traitement des prisonniers britanniques, je dois, même à contrecœur, devenir plus personnel et raconter la manière dont mes blessures ont été soignées. Après tout, on juge les gens en fonction de leur expérience personnelle, et personne ne peut être tenu responsable des opinions des autres. À mon arrivée de Munden, ma cheville allait pratiquement bien, mais la douleur dans ma poitrine s'aggravait de jour en jour. Pour ajouter à cela, j'ai commencé à avoir des abcès, j'en ai eu huit à la fois, quand j'étais au plus mal. Ces abcès, puisque je n'en avais jamais eu auparavant, étaient probablement dus à la mauvaise nourriture à Munden et à l'état très bas dans lequel j'étais réduit, à cause de beaucoup de douleurs et de très peu de sommeil pendant quelques mois. Pourtant, lorsque nous sommes arrivés à Bischofswerda , un camp à bien des égards excellent par rapport aux autres camps en Allemagne, il n'y avait pas de médecin. Un médecin se présentait une fois tous les quatorze jours environ, et il avait rarement le temps de me rendre visite, même si j'étais plutôt alité à ce moment-là. Après avoir été là-bas environ six semaines, j'ai reçu l'attention d'un médecin français qui avait été fait prisonnier ; mais comme les médicaments dont il pouvait se procurer étaient très limités, il ne pouvait pas faire grand-chose.

J'étais encore au lit fin juin lorsque le médecin allemand me rendit visite. J'étais alors presque indemne d'abcès, car j'avais vécu presque entièrement de laitue et de nourriture verte, que j'avais pu acheter à la cantine ; mais son diagnostic quant aux douleurs au côté droit, au dos et à la poitrine était un rhumatisme, car les côtes si violemment brisées devaient être dans un état très délicat. Il ne pouvait pas expliquer la quantité de sang que je provoquais quotidiennement dans mes crachats, mais il disait que ce n'était rien et que tout ce que je voulais, c'était me lever et marcher. Eh bien, je ne suis pas médecin, donc je suppose qu'il connaissait son métier, et bien que très faible, j'ai fait l'effort et j'ai progressivement parcouru le camp comme tout le monde . En juillet, j'ai commencé à jouer au tennis, mais j'ai vite découvert que tout exercice violent me faisait élever des quantités de sang bien plus importantes, en plus de me causer de grandes douleurs. Pendant tout ce temps, je ne pouvais ni m'allonger, ni dormir sur le côté droit, et parfois même supporter que ma tunique soit boutonnée. Peu de temps après que le médecin m'ait conseillé de me lever et de marcher, il m'a donné un médicament contre les rhumatismes : de l'aspirine, je crois.

Fin juillet 1915, ce médecin partit, puis fut nommé un médecin permanent qui visitait le camp quotidiennement entre 10h30 et 12h30, sauf le dimanche. C'est vers lui que j'ai porté mes douleurs. Sans m'examiner, il consulta le rapport du dernier médecin et dit : « Oh oui, rhumatismes et goutte » ; il a dit que les crachats de sang n'étaient rien et que je ne devais pas faire d'exercice trop violent ; et bien que je lui rende visite de temps à autre tous les quelques jours, je n'ai jamais obtenu de monnaie de sa part .

Vers cette époque, un voyageur d'une grande entreprise de fabricants d'appareils photo arriva au camp et, avec la permission du commandant, plusieurs ordres furent donnés, de sorte que beaucoup d'officiers étaient non seulement plutôt passionnés par la photographie, mais souhaitaient pouvoir prendre et envoyer des photos. à la maison quelques clichés de scènes quotidiennes dans notre camp de prisonniers. Trois autres gars et moi-même avons acheté un très bon appareil photo reflex, et de nombreuses photos très correctes ont été prises avec. Malheureusement, en ce qui me concerne, l'appareil photo n'est arrivé que la veille de mon expulsion.

Le 3 septembre 1915, j'ai reçu l'ordre de préparer mes camions, alors que j'étais transféré à Clausthal à Hartz pour des soins médicaux, et le lendemain matin, je suis parti avec mon sac et mes bagages à Clausthal , sous la garde d'un officier. et un homme. J'ai fait un voyage très agréable à travers Dresde, Leipzig, Munden et Halle jusqu'à Clausthal , situé dans les montagnes du Hartz , entouré d'un très joli pays. Nous passâmes la première nuit à Munden et atteignîmes Clausthal le lendemain. À une gare entre Leipzig et Munden, nous avons changé de ligne. L'officier allemand m'a emmené dans une des salles d'attente des hommes, a commandé à manger, a placé une garde sur moi et nous a quittés, probablement pour aller lui-même prendre un bon dîner gras quelque part. Peu de temps après son départ, une troupe d'environ douze Tommies français entra sous bonne garde, l'air très débraillé et misérable. On les faisait asseoir par terre dans un coin, et ils paraissaient si pincés et si maigres que je résolus, si possible, de les aider si je le pouvais, s'ils manquaient de nourriture faute d'un peu d'argent ; alors je suis allé leur parler, mais j'ai été immédiatement arrêté par le gardien, qui m'a expliqué que toute sorte de communication entre prisonniers était *interdite* .

En reprenant ma place à table, j'ai commencé à réfléchir au problème, et après un certain temps, j'ai résolu la difficulté. Juste avant de quitter Bischofswerda, un officier russe qui m'accompagnait dans la chambre du malade m'avait donné une boîte de cigarettes russes et, par chance, je les avais dans ma poche. Tout le monde sait que les cigarettes russes ont un embout creux d'environ un pouce et quart de long. Déchirant un billet de cinquante marks en deux et enroulant soigneusement les deux moitiés pour leur donner la forme et la taille de l'embout, j'ai inséré les morceaux dans l'embout de deux cigarettes. Cela a pris du temps, car mes mains devaient travailler sous la table, alors que je lisais apparemment mon livre, qui était ouvert sur la table. Une fois les cigarettes terminées, j'ai rempli mon étui de cigarettes russes et j'en ai offert une à chacun des gardes, en gardant soigneusement mon pouce sur les deux cigarettes préparées. Ils ont été acceptés avec enthousiasme par le gardien. Lorsqu'ils eurent allumé, je demandai la permission d'en donner aux prisonniers français, et les ayant acceptés eux-mêmes, ils ne purent guère refuser. J'en ai distribué deux ou trois ; puis il offrit les deux autres dans l'étui au plus intelligent, en disant en même temps : « Cherchez ». À mon grand dégoût, il avait l'air absolument vide. Mais quand l'officier allemand revint pour m'emmener, il se leva, salua et dit : « Au revoir, mon lieutenant, et merci beaucoup. » Heureusement, l'officier ne parlait pas français et m'a demandé ce qu'il avait dit. J'ai répondu : « Seulement un salut respectueux d'un soldat à un officier. »

Je dois m'arrêter une minute pour décrire notre arrivée à Munden , car ce fut pour moi un spectacle phénoménal. En approchant de notre ancienne prison, la situation était à peu près la même que lorsque nous l'avions quittée en avril, mais en entrant, une révélation m'attendait. Pour commencer, la salle à manger a été considérablement nettoyée, de nombreuses nouvelles tables et chaises ont été fournies, les tables recouvertes de toile cirée blanche et des tableaux exécutés par différents officiers artistiques russes ont été accrochés autour des murs. Ensuite, j'ai rendu visite aux officiers britanniques et j'ai découvert qu'il y en avait quatre nouveaux, récemment capturés. Mais la chambre ! Merveille des merveilles ! Il y avait des commodes, une armoire, des tables et des chaises supplémentaires, seulement cinq ou six lits dans les chambres qui en contenaient neuf à notre époque, et seulement neuf dans celles qui en contenaient dix-sept ! Mais c'est en sortant dans la cour que je faillis m'évanouir de surprise. Pour commencer, il y avait un long hangar en bois construit à partir de la salle à manger, érigé par le YMCA américain, et très confortablement meublé de tables et de chaises. Cette pièce servait en quelque sorte de salle de récréation les jours de pluie. Mais la cour ! Ce qui n'était qu'un fouillis de boue et de quelques arbres s'est transformé en un jardin déchirant ; de grands sentiers couraient ici et là, et j'ai vu à Hampton Court de nombreux parterres de fleurs inférieurs à ceux de Munden , qui étaient bien entretenus et artistiquement aménagés. Pour couronner le tout, la cour avait été agrandie par un câblage dans le sol pour deux courts de tennis posés aux frais des Boche , des terrains en cendre de niveau, avec un bon rouleau et tout le reste de l'attirail nécessaire à un terrain en dur. Une cantine sèche et un magasin avaient également été construits, tous deux sous la direction des officiers, et les choses fonctionnaient très bien et de manière satisfaisante. J'ai même vu des œufs.

Mes lecteurs doivent pardonner ma divergence avec mon histoire, mais ce fut pour moi une révélation tellement stupéfiante de voir ce qui pouvait être fait avec un très mauvais camp comme Munden , et je désire particulièrement attirer l'attention sur ce point, car cela a été entièrement provoqué par l'ambassadeur américain, et souligne ainsi clairement les efforts déployés dans certains quartiers allemands pour produire une bonne impression sur les Américains. Du début à la fin, ce n'était que de la poudre aux yeux – de la poudre aux yeux pour les Américains. En ce qui concerne les latrines, elles ne valaient pas mieux. Personne ne pouvait les modifier, même si là encore la différence était très marquée, puisque Munden ne détenait alors qu'entre cinq et six cents prisonniers au lieu de plus d'un millier.

Pour continuer le récit de mon voyage à Clausthal , l'officier et l'homme se sont montrés extrêmement polis et très prévenants, et ont lourdement mitraillé certains civils qui se moquaient de moi, en me traitant de l'habituel « Schweinhund ! » Il y a eu un épisode humoristique en montant à Leipzig, où nous avons déjeuné. Sur la table se trouvait une bouteille de sauce Worcester , sur l'étiquette rouge imprimée de laquelle étaient collés les mots « Gott strafe England ». J'ai failli pleurer de rire – de la vraie sauce Worcester d'Angleterre et « Gott strafe England ! » C'est l'une des blagues les plus riches dont j'ai entendu parler. En le faisant remarquer au policier, il ne voyait pas la plaisanterie.

Je me demande si le lecteur se souvient que j'ai commencé mon voyage en Allemagne, blessé, dans un camion à bestiaux. De camions à bestiaux, nous sommes passés aux wagons de quatrième classe, et maintenant à ceux de deuxième classe. Je raconterai plus tard comment nous voyageions occasionnellement en première classe. Cela était conforme à tout le reste. Les prisonniers faits au printemps 1915 se plaignaient du traitement réservé. S'ils avaient été capturés en 1914, ils auraient eu davantage de raisons de se plaindre. Tout au long de mon emprisonnement, une chose était absolument claire : plus la guerre se prolongeait et plus les espoirs de victoire finale s'éloignaient de l'esprit allemand, meilleur était le traitement que leurs prisonniers recevaient. Je ne parle pas de nourriture, car même s'ils nous ont permis d'acheter de la nourriture en 1915, ils ne peuvent plus le faire maintenant, car ils n'ont pas de nourriture à vendre. Ils ne peuvent pas donner ce qu'ils n'ont pas ; mais lorsque les Boches crurent percer à Verdun en février et mars 1916, la situation fut très dure et inconfortable pour les prisonniers. En revanche, notre victoire sur la Somme nous a valu toutes sortes de petites concessions.

Le Boche est avant tout un tyran. S'il gagne, il intimide ; s'il perd, il est poli et huileux. Une bonne idée de leur mesquinerie est que, après avoir permis d'acheter à Bischofswerda en 1915 des cartes montrant les fronts réels des combats tant en Europe qu'à l'Est, elles furent confisquées alors que l'offensive sur la Somme semblait être un succès. Cela a été fait pour que les prisonniers n'aient pas la satisfaction d'enregistrer les gains britanniques et français sur les cartes, sur lesquelles nous avions noté la lutte de la manière habituelle avec de la laine et de petits drapeaux épinglés. Quelques mois après l'avancée sur la Somme, alors que la nouvelle n'était plus un stimulant exaltant pour les prisonniers, ces cartes furent restituées, curieusement à un moment où les Boches avaient lancé une contre-attaque modeste mais réussie. Cette confiscation de cartes s'est produite à plusieurs reprises, mais, au grand dégoût des Boches , cela nous a toujours beaucoup remonté le moral, car nous étions sûrs que la cause devait être que les Alliés avaient fait une sorte de gain quelque part. , même si les journaux allemands pourraient n'en donner aucune nouvelle.

A notre arrivée à la gare de Clausthal, il y avait effectivement un taxi pour nous conduire au camp ! Ce traitement princier m'a presque abasourdi. Bien sûr, j'étais envoyé à Clausthal comme invalide pour y être soigné, alors peut-être aurais-je dû prendre cela pour acquis ; mais notre expérience antérieure ne nous permettait pas d'espérer être traités de manière humaine. J'ai dû payer très cher pour le taxi. Le camp de Clausthal s'est avéré être un vieil hôtel, l'un des exemples d'architecture allemande si souvent vus dans cette partie de l'Allemagne, prétentieux et construit de façon bidon. Un jardin, entouré des grillages habituels et des patrouilles de sentinelles, entourait un terrain d'exercice plus ou moins carré d'une centaine de mètres de long. Plus de la moitié de l'hôtel était occupée par une grande salle d'audience avec une petite scène. C'était le biergarten de l'hôtel, et servait de salle à manger générale et de cantine, où tous les repas étaient servis et où les prisonniers passaient leur temps à l'intérieur. La partie restante de l'hôtel était divisée en chambres de taille et de confort variables.

Dans l'ensemble, Clausthal était peut-être l'un des meilleurs camps d'Allemagne, mais certainement pas égal à Bischofswerda . En même temps, le commandant et l'état-major en général étaient toujours très polis et corrects, et généralement pas insultants ni intimidants, comme à Bischofswerda . Le long d'un côté de la salle à manger décrite ci-dessus se trouvait une série de paravents en bois, formant un certain nombre de salons de thé, visiblement construits pour une plus grande intimité. Des rideaux accrochés à des cordes séparaient ces loges du regard vulgaire des gens présents au centre de la salle. Ces loges servaient de dortoirs à un certain nombre d'officiers, quatre dans chaque loge. On m'a attribué l'un d'entre eux, et c'était un endroit très froid et horriblement venteux. J'y trouvai plus de vingt officiers britanniques qui, dès mon arrivée, se précipitèrent sur moi pour avoir les dernières nouvelles ; mais quand ils ont découvert que j'étais un 1914, comme eux, un gémissement de désespoir s'est élevé. Le lendemain matin, j'ai vu le commandant, qui ne semblait pas savoir d'où je venais, il a donc fallu lui expliquer que j'avais été envoyé suivre un traitement contre les rhumatismes et la goutte, qui m'affectaient au niveau de ma blessure. .

"Quoi!" il a dit : « vous êtes venu ici pour un traitement contre les rhumatismes ! et rit sarcastiquement. « Vous ne pourriez pas trouver pire endroit pour cela. Nous n'avons aucun traitement ici, jamais eu. Il n'y a même pas d'hôpital ici, seulement une infirmerie, qu'un médecin de la ville visite quotidiennement une demi-heure ; mais vous feriez mieux de voir le docteur quand il viendra aujourd'hui.

Quand j'ai vu le médecin et lui ai dit que le médecin de Bischofswerda avait diagnostiqué dans mon cas des rhumatismes installés dans la région de la plaie, il n'a pas semblé être d'accord, mais bien sûr il n'a pas voulu le dire. Le seul commentaire qu'il a fait était qu'il pensait que j'avais besoin d'une opération pour extraire ce qui pourrait causer le problème. Je n'ai pas dit qu'au fond du terrain d'exercice, en dehors du grillage, s'étendaient à droite et à gauche deux petits lacs extrêmement pittoresques, mais bien sûr la brume qui s'en élevait nuit et matin n'était pas exactement la meilleure chose. pour tout type de problème pulmonaire. La conséquence en fut que moins d'une semaine après mon arrivée, j'étais confiné à la chambre du malade avec une sorte de congestion, qui s'aggravait au lieu de s'améliorer, jusqu'au jour où le médecin demanda aux autorités de Berlin de me faire transférer de nouveau à Bischofswerda . d'où je venais à l'origine. Le transfert a pris trois mois, mais finalement, fin novembre, je suis retourné à Bischofswerda et à mes vieux amis.

Le principal reproche à Clausthal était le manque de bains. Envie d'un hôtel sans salles de bain ! Quelles sales bêtes les Boches doivent être. Les officiers devaient faire leurs ablutions du mieux qu'ils pouvaient dans de grands seaux en fer blanc, une manière de se laver des plus insatisfaisantes. De plus, les toilettes n'étaient pas du tout adéquates pour les deux cents officiers qui s'y trouvaient. La conséquence était qu'il était continuellement en panne. Dernier point, mais non le moindre, la zone restreinte pour l'exercice. Après mon évasion en Angleterre, un monsieur m'a dit un jour : « Oh oui, Clausthal ; J'ai lu une fois à ce sujet. Un beau camp avec de vastes terrains. Vous aviez un terrain de golf là-bas, n'est-ce pas ? "Eh bien, il y avait un terrain de golf", répondis-je. "Mais avez-vous déjà essayé de jouer sur un parcours de neuf trous contenu dans une limite de cent mètres carrés et vous êtes-vous trompé si vous jouiez au golf ?" Seuls les prisonniers sont capables d'une telle philosophie. « Tirez le meilleur parti » est leur devise ; et c'est ce qu'ils ont fait. Il y avait là autant d'excitation lors d'une partie de golf matinale que s'ils jouaient à Sunningdale ; mais croyez-moi, un cours bien meilleur et plus passionnant pourrait être organisé à Piccadilly Circus. Là, vous avez le premier tee, disons, au coin devant Swan & Edgar's, et une très jolie photo de mashie au-dessus de la file d'autobus que l'on voit habituellement là-bas. Vous atterrissez probablement dans la fontaine et perdez un coup, mais finalement, avec des fortunes diverses, vous faites le premier trou dans l'entrée du Pavillon ! Peut-être avez-vous frappé le grand commissionnaire ou le policier. Ils seraient très en colère, mais pas autant qu'un général russe ou français se promenant dans les parterres de fleurs délabrés de Clausthal . Ils détestaient le golf et son nom même ; mais les Britanniques ont continué à jouer. Ah oui, nous avions « un » terrain de golf à Clausthal !

Le lecteur ne doit pas penser que j'essaie d'être drôle. Ce n'est pas le cas, mais je m'efforce de faire comprendre que dans quatre-vingt-dix-neuf cas sur cent, lorsque les gens chez eux entendent parler de luxes tels que les terrains de golf, etc., dans les camps de prisonniers en Allemagne, ils sont Je suis porté à remarquer que les prisonniers ne sont finalement pas si mal traités. "Eh bien, ils sont même autorisés à jouer au golf !" ce qui évoque immédiatement une image de gars parcourant le pays, passant plus ou moins un bon moment. Prenons par exemple le fait que j'ai été expulsé de Bischofswerda pour un traitement spécial contre les rhumatismes et la goutte. En octobre 1915, il fut officiellement publié en Angleterre que j'avais été transféré dans les montagnes Hartz pour y être soigné. Un collyre, rien de plus ! Qu'en était-il d'autre, puisque nous avons vu qu'à leur arrivée à Clausthal, c'était un endroit très mauvais pour les personnes souffrant de rhumatismes, et qu'elles n'avaient aucun moyen de traitement ou n'en avaient jamais eu ? Pourtant, une liste d'officiers fut officiellement communiquée via la Suisse à l'Angleterre comme ayant été envoyés là-bas pour y être soignés. Comme je suis apparu sur cette liste, je sais de quoi je parle. Les gens pensaient et disaient : « Les gentils Allemands envoient même leurs prisonniers dans les montagnes du Hartz , la plus belle région de l'Allemagne, pour les guérir de leurs rhumatismes, les pauvres ! »

L'alimentation à Clausthal était d'une certaine manière bien meilleure qu'à Bischofswerda ; c'est-à-dire; les rations réelles étaient plus abondantes, de meilleure qualité et mieux cuites ; mais, d'un autre côté, dans la mesure où on pouvait commander et acheter de la nourriture, on pouvait en obtenir infiniment plus à ce dernier endroit. Les boissons, en revanche, étaient moins chères et meilleures à Clausthal . Bien sûr, je parle de 1915, où l'on pouvait boire quelque chose si le commandant le permettait. Personnellement, je m'en sortais très bien en matière de nourriture à Clausthal , surtout lorsque j'étais à l'infirmerie, puisque deux majors britanniques préparaient et m'apportaient toute ma nourriture. Je suis devenu très optimiste à ce sujet, car ce n'est pas souvent un sous-marin junior. a deux majors régulières pour l'attendre pieds et poings liés. J'espère un jour pouvoir récompenser leur grande gentillesse.

Deux ou trois jours avant de quitter Clausthal, j'ai acheté à la cantine un grand panier pour contenir toutes mes affaires, car en venant de Bischofswerda, ma boîte avait été assez gravement détruite. Je mentionne ici le panier car il avait un avenir plutôt intéressant. Quand le jour de mon retour à Bischofswerda arriva , mes bagages ayant été emballés par l'un de nos officiers, je pris congé de quelques-uns des gens les plus gais et les meilleurs que j'ai jamais eu à rencontrer, et je fus de nouveau conduit à la gare. . Le cocher m'a facturé sept marks pour un trajet de trois quarts de mile ; mais je n'étais toujours pas obligé de marcher, donc je suppose que je ne devrais pas me plaindre. Avant de partir, mes bagages ont été, comme d'habitude, fouillés très soigneusement, mais on pensait quelle arme horrible j'aurais pu mettre la main et cacher, Dieu sait.

Le voyage de retour s'est déroulé plus ou moins sans incident, sauf que cette fois j'avais comme garde un sous-officier et un homme, tous deux assez respectueux, mais dont aucun ne me laissait beaucoup de chance de m'échapper. Si j'avais été assez fort à ce moment-là, j'aurais certainement pu les tuer tous les deux à un moment donné du voyage et m'enfuir par le fourgon du garde, dans lequel se trouvait le garde. A cette occasion, nous voyageions en quatrième classe, probablement parce que ce n'étaït pas un officier qui me conduisait, auquel cas cela prouve que les prisonniers ne sont pas envoyés en première ou en deuxième classe parce qu'ils sont officiers, mais pour le confort des conducteurs allemands. officier. Cette voiture de quatrième classe était construite sur le même wagon que le fourgon du garde, et je ne me sentais pas assez fort pour faire face à deux d'entre eux assez silencieusement sans déranger le garde. Il faisait nuit et nuit noire, le train ne roulait qu'à une quinzaine de kilomètres à l'heure, et je n'avais jamais eu une telle opportunité auparavant. Cependant, après ma longue période au lit, je sentais que je ne pouvais pas accomplir ce travail de manière satisfaisante, car un échec aurait signifié ma fin.

A Leipzig, je fus conduit dans l'un des réfectoires privés allemands. C'était évidemment une sorte de désordre général pour n'importe quel sous-officier ou soldat, car il était rempli de toutes sortes de régiments différents, Saxons, Prussiens et Bavarois, chacun se prélassant à des tables différentes. J'y ai passé près de deux heures et j'ai passé un moment très intéressant, intéressant au point de vue des dissensions intérieures allemandes. Les Bavarois regardaient les Prussiens et les Saxons d'un air renfrogné et ne répondraient pas même si l'un d'eux leur parlait. Par hasard, il y avait trois longues tables dans les salles, dont deux seulement étaient occupées par les Saxons et l'autre par les Bavarois. Mon garde m'a conduit à leur table et de la nourriture a été commandée pour moi. Un peu plus tard, plusieurs Prussiens entrèrent, regardèrent la table des Saxons et des Bavarois, virent de nombreuses places libres, mais discutèrent ouvertement qu'ils n'allaient pas manger à la même table que ces gens-là. Me voyant assis à la troisième table, ils s'approchèrent, me saluèrent et demandèrent la permission de s'asseoir, ce qui fut bien entendu cordialement accordé ; l'un d'eux m'a même adressé la parole pour me demander quand j'avais été fait prisonnier. On aurait pu penser que s'ils s'opposaient à la vue des Bavarois et des Saxons, ils se seraient irrités de voir l'un des Anglais détestés dans leur propre mess ; mais non.

Nous sommes arrivés à Bischofswerda peu après minuit. Le lendemain, je trouvai les choses à peu près les mêmes qu'avant, sauf que la ration donnée par les Boches avait beaucoup diminué pendant mon absence, ainsi que la quantité et la variété des vivres que nous avions pu acheter auparavant. Les œufs avaient complètement disparu et le pain s'était beaucoup détérioré. « Ha, ha ! » J'ai pensé : « le Les Boches ressentent le pincement de la Maîtresse des Mers », alors nous nous passâmes allègrement de ce que nous avions. Cependant, les colis de chez nous étaient bien arrivés, en prévision de Noël, donc nous nous en sommes plutôt bien sortis dans l'ensemble.

Quelques jours après mon retour à Bischofswerda, les appareils photo que nous avions achetés avec la permission du commandant furent de nouveau confisqués. Cela correspondait tout à fait à tout ce que faisaient les Boches . Nous serions autorisés à acheter des choses, et peu de temps après, elles nous seraient confisquées. En d'autres termes, dès qu'on vous avait retiré l'argent, un ordre de confiscation venait du commandant. Il était vraiment désolé, mais ses ordres venaient de plus haut ! Des objets tels que des stylos à dessin, des travaux de découpage et de petits outils de sculpture sur copeaux, des cartes, des réchauds à alcool et, enfin et surtout, l'appareil photo. Bien entendu, cet ordre n'est jamais venu d'en haut, car j'ai certaines informations selon lesquelles les caméras étaient autorisées dans d'autres camps jusqu'en 1917.

La confiscation des articles légitimement achetés à la cantine n'était qu'une partie d'un système de mesures mesquines pratiqué contre les prisonniers. Ils découvrirent bientôt que, pour le Britannique , rien ne le dérangeait autant ni ne le décourageait autant que de couper ses bains. Ainsi, pour la moindre excuse possible, comme le fait que des officiers russes, français ou britanniques ne saluaient pas assez intelligemment un sous-lieutenant allemand, les bains étaient coupés pendant un jour ou deux ; ou, à défaut, le football serait interdit, ou tout autre jeu avec lequel les officiers pourraient essayer de s'amuser. Les shorts seraient confisqués. Pour ce faire, une fouille générale des pièces était nécessaire. Bien sûr, cela provoquait toujours une certaine émotion, car chacun avait quelque chose à cacher : une lampe électrique, des morceaux de corde, de l'argent et tout ce que les Boches pouvaient vouloir à ce moment-là.

Ces perquisitions avaient lieu périodiquement, environ toutes les six semaines, devrais-je dire. Parfois, tout le monde était soudainement regroupé hors des bâtiments et des fouilles étaient effectuées alors que tous les prisonniers étaient dans la cour, dans l'espoir de trouver des choses interdites laissées négligemment. Le plus souvent, lors des défilés matinaux, les Boches nous retenaient dehors et fouillaient les chambres pendant que nous défilés ; et ils eurent beaucoup de succès, mais pas généralement auprès des Britanniques. Très peu d'officiers britanniques ont été découverts avec des objets interdits. Un ou deux costumes de mufti suffisaient, ainsi que quelques coupures de journaux ; mais les Russes et parfois les Français avaient des groupes entiers en fuite capturés en un seul coup. Cela était probablement dû au fait que le camp était entouré d'espions et que, comme les Russes étaient tous ensemble et non mêlés aux Britanniques comme à Munden , les chances de trahison de l'extérieur de la communauté britannique étaient *nulles* . Nous avions très souvent des officiers français parmi nous, mais rarement des Russes. Il n'y a absolument aucun mal à affirmer ici que les Russes étaient infestés d'espions, qu'ils le savaient et en parlaient ouvertement. Un ou deux d'entre eux furent destinés à être détruits après la guerre.

Les tentatives d'évasion furent nombreuses entre la fin de 1915 et le milieu de 1916 ; mais, assez curieusement, lorsque tous les arrangements étaient terminés et que la tentative était prête à être faite, la garde boche était soudainement doublée, ou un raid boche était effectué dans cette pièce particulière au dernier moment, et probablement tout l'attirail était capturé. C'est arrivé trop de fois pour être une coïncidence.

L'un des rares points positifs de mon séjour à Bischofswerda a été les visites périodiques du révérend M. Williams, qui venait une fois tous les trois ou quatre mois au camp et célébrait un service divin pour nous. Je ne pense pas qu'aucun d'entre nous ait été particulièrement religieux, mais M. Williams a toujours été très brillant et plein d'espoir. On ne pouvait s'empêcher de ressentir un peu de sa gaieté, et je pense pouvoir parler au nom de nous tous en disant que nous attendions avec impatience ses visites et que nous nous sentions mieux à l'idée de sa venue. Nous espérons également sincèrement qu'à la conclusion de la paix, les autorités intérieures reconnaîtront et récompenseront comme il se doit ses services, car aucun homme n'a jamais poursuivi son travail dans des circonstances plus difficiles et plus désagréables - méprisé et méfiant des civils allemands, menant une vie d'isolement complet. dans le pays ennemi, extrêmement à court de nourriture. En effet, lors de ses dernières visites chez nous, il n'avait généralement rien mangé depuis vingt-quatre heures. Un jour, alors que nous obtenions l'autorisation de prendre un repas avec nous, en attendant l'arrivée du train qui l'emmènerait dans un autre camp, il mangea avec beaucoup d'enthousiasme quelques œufs de chez lui , les premiers qu'il voyait depuis de nombreux mois. Malgré tous les obstacles qui se dressent sur son chemin, il continue de passer de camp en camp dans ce bon pèlerinage.

CHAPITRE VI

COUR MARTIALE ET INSULTÉ

J'ARRIVE maintenant à un point de mon récit qui nous remonte à quelques jours avant Noël 1915, lorsque nous apprenions que la cantine allemande, dont nous avions jusqu'alors pu tirer tant de nourriture, devait être supprimée, afin de pour augmenter à la fois nos colis de chez nous et les rations boches considérablement diminuées , et que désormais nous serions plus ou moins dépendants de nos colis. Certains de mes lecteurs trouveront peut-être ce point assez intéressant, car il indique la période où les Boches commençaient réellement à ressentir la pénurie de denrées alimentaires. Beaucoup de gens me demandent continuellement : « Les Allemands sont-ils vraiment aussi à court de nourriture que le disent les journaux ? » Ma réponse à cette question est : « Oui, seulement un spectacle joyeux, plus difficile que ce que disent les journaux. »

L'ancienne cantine fut définitivement supprimée avec l'avènement du Nouvel An 1916 ; et comme la femme et son mari qui dirigeaient jusqu'alors la cantine dirigeaient également tout le spectacle, ils avaient une quantité effrayante d'affaires à emporter, tous les ustensiles de cuisine nécessaires pour tenir un mess pour trois cent cinquante officiers. Nous avons participé un peu au déménagement, comme je vais l'expliquer. Tôt le matin du jour de Noël, un officier canadien est venu me voir et m'a demandé le prêt de mon gros panier mentionné ci-dessus, ainsi qu'un peu d'argent, car il savait que j'étais en possession d'une certaine somme. Son idée était de monter dans le panier, de se laisser porter par quelques aides-soignants britanniques et de le déposer devant la porte de la cuisine avec quelques dizaines d'autres paquets, parmi lesquels deux paniers du même type remplis de linge et d'assiettes. En conséquence, nous l'avons mis dans le panier, avons appelé les aides-soignants et leur avons donné l'ordre de déposer les paniers. Tout allait bien; les aides-soignants qui portaient le panier passèrent sans problème devant les sentinelles, puisque la plupart des aides-soignants avaient été dépêchés pour aider les cantiniers à retirer leurs affaires. Deux gros pantechnicons se tenaient à la porte de la salle des gardes, et se remplissaient rapidement de colis, lorsque vint le tour de mon panier. C'était évidemment trop lourd, et malheureusement un infirmier boche sortit à ce moment de la cuisine et proposa de donner un coup de main. Juste au moment où il s'apprêtait à le soulever, l'officier canadien se tortilla ou fit un certain mouvement. Quoi qu'il en soit, le Boche suggéra de vérifier à l'intérieur au cas où un chat ou quelque chose s'y trouverait, même s'il n'avait absolument aucun soupçon d'un prisonnier. En se dirigeant vers la cuisine pour récupérer la clé, celle-ci étant cadenassée, ils découvrirent que le panier n'appartenait pas du tout aux gens de la cantine. Immédiatement, ils commencèrent à l'ouvrir et, à l'intérieur, bien sûr, ils découvrirent le "Jack-in-the-box", qui se leva en poussant un cri sauvage. Les Boches ont failli mourir d'une insuffisance cardiaque.

Cependant, ils l'ont saisi ainsi que tout son attirail, ainsi que l'argent, dont il n'a pas été assez prompt à se débarrasser. Il fut emmené chez le commandant de la manière habituelle et déshabillé, tandis qu'ils déchiraient même les coutures de sa tunique dans leurs efforts frénétiques pour découvrir quelque article interdit ou preuve contre une autre personne, comme complice avant le fait.

Au fur et à mesure que avançait son procès, et accessoirement le mien, il était évident que les Boches soupçonnaient que nous avions été aidés par le garde ou par quelque Allemand du camp. Il n'y avait absolument aucune preuve pour le prouver, et aucune raison pour justifier leurs soupçons, mais les autorités boches étaient très positives à ce sujet, à tel point que les misérables cantiniers furent arrêtés le lendemain de leur départ et enfermés dans une petite prison à Dresde, en attendant l'examen de la cour martiale. Cela nous a fait rire, car les gens de la cantine étaient absolument innocents et s'étaient enrichis à nos dépens dans le passé. Peu de temps après la première enquête, le panier m'a été attribué et la fête a alors commencé. Le commandant a insisté sur le fait que j'avais donné le panier au Canadien dans le but de s'échapper. Je répondis que non, qu'on m'avait simplement demandé le prêt du panier, et que comme je n'en avais pas besoin à l'époque, j'avais naturellement acquiescé, et que les officiers britanniques n'avaient pas l'habitude de demander à leurs amis ce qu'ils voulaient faire des objets qu'on leur prêtait.

Après cela, pendant un jour ou deux, l'affaire, en ce qui me concerne, s'est terminée. Bien sûr, l'officier canadien était confiné dans des cellules. Un jour, on m'appela de nouveau et m'informa que j'avais non seulement donné le panier mais aussi cinq cents marks au Canadien. Bien sûr, je leur ai demandé de le prouver ; puis ils ont produit une déclaration écrite du Canadien, reconnaissant que je lui avais donné les cinq cents marks, après quoi il ne servait plus à rien de nier le fait. Ils ont extrait cette information en disant au Canadien que l'officier qui lui avait donné le panier avait également avoué lui avoir donné cinq cents marks. Leur but était de convaincre le Canadien de la grave accusation de corruption des gardes qui était portée contre lui. Comme un idiot, il est tombé dans le piège et nous nous sommes donc fait prendre tous les deux.

Quelques jours plus tard, les membres de la cour martiale arrivèrent – un colonel à part entière, égal à un brigadier chez nous, un major et un capitaine – et une commission d'enquête fut immédiatement tenue, lorsque je fus accusé d'avoir acheté le panier un quelques semaines auparavant à la cantine.

Cela étant, on a prétendu que je l'avais acheté dans le but de m'enfuir ou d'aider les autres à le faire, mais on m'a dit que, si je voulais faire le point sur l'affaire, ils essaieraient de rendre ma punition aussi légère que possible. . Ils essayaient d'être très gras ; mais je n'allais pas me laisser tromper par des paroles douces. Ensuite, j'ai été accusé d'avoir fourni l'argent. J'ai expliqué de manière satisfaisante l'argent et le panier ; mais le verdict fut que, voyant que j'étais incapable de me comporter dans un bon camp, je serais renvoyé pour être puni. «Maintenant, dis-je, je vais simplement vous montrer à quel point vous, Allemands, êtes capables d'erreurs judiciaires. Je n'ai pas acheté ce panier il y a trois semaines, et je ne l'ai pas acheté à la cantine », ce à quoi un sourire général parcourut la cour, et le registre de la cantine fut présenté, indiquant la date, etc., à laquelle j'avais acheté. le panier. L'accusation de mensonge fut alors ajoutée à la liste de mes autres crimes. J'ai alors commencé à prouver que j'avais acheté le panier il y a plus de trois mois au camp de Clausthal . Mon témoignage était si convaincant que le tribunal a fermé ses portes, dans l'attente d'une enquête de Clausthal . Le rapport qui est revenu a confirmé ma déclaration. En fin de compte, ils n'ont rien pu apporter contre moi, sauf l'argent, ce que je leur ai expliqué en leur montrant un chèque rédigé le 1er janvier 1916 par l'officier canadien en échange de cinq cents marks en argent que, comme je l'ai expliqué, j'avais ça ne sert à rien pour moi. Ayant trouvé quelqu'un qui l'avait, je l'échangeai naturellement contre un chèque que je pus envoyer chez moi. Ainsi, pour moi, l'affaire a tourné court. Le Canadien a cependant été éloigné de Bischofswerda et se trouve maintenant en Suisse, où il a été envoyé pour raisons de santé, probablement provoquées par les mauvaises conditions dans le camp où il a été envoyé. Je peux mentionner qu'un autre officier canadien était impliqué dans ce petit épisode, mais comme il est toujours prisonnier, il serait sage de ne rien dire de sa part dans cette affaire.

Peut-être vaut-il la peine de mentionner que nous avons fait de notre mieux pour rendre le jour de l'An joyeux et que nous avons presque réussi à nous faire croire que nous passions un bon moment. Depuis que la cantine a été divisée, chaque pièce cuisinait et préparait son propre dîner, donc entre les puddings de Noël de la maison et toutes sortes de luxes, nous avions certainement une bonne nourriture. Nous avions aussi pu obtenir l'autorisation d'acheter un peu de vin, une chose affreuse, mais enivrante. Le résultat fut qu'un peu d'énergie refoulée se déchaîna en brisant les lits des uns et des autres. Les lits de Bischofswerda étaient des lits en bois grossièrement construits, avec des lattes en bois sur lesquelles reposait une paillasse en paille . En courant, en sautant et en atterrissant immédiatement sur le matelas, le tout s'est brisé dans un magnifique fracas déchirant, une douce musique aux oreilles d'un prisonnier dont les énergies et les esprits doivent toujours être constamment retenus. Bien sûr, il y avait le diable à payer avec les Boches , et la facture qu'ils rendirent le lendemain matin était terrible. Toutes sortes de nouvelles règles et réglementations ont été publiées concernant les lits, telles que « Il est interdit de s'asseoir ou de faire de l'exercice sur les lits ». C'était assez amusant, car il n'y avait pas assez de chaises pour tout le monde, donc je suppose que nous étions censés nous allonger par terre. Le football a également été interdit pendant quelques jours, et il y a eu diverses autres *mitraillages* . Personnellement, je n'ai pas pu participer au concours de rupture de lit, mais voir les autres exprimer leurs sentiments était la meilleure chose à faire.

La nouvelle année 1916 a été accueillie par nous tous comme un avènement joyeux, car nous étions sûrs dans notre esprit que la victoire devait couronner nos armes avant la fin de l'année et que nous pourrions une fois de plus appeler nos âmes nos propre. Quel optimisme nous éprouvions lorsque, semaine après semaine, les rations alimentaires allemandes devenaient plus courtes et moins saines. Voyant que nous ne pouvions plus acheter de nourriture à la cantine, nous avons pensé que la fin devait être en vue.

Nous étions désormais presque entièrement dépendants de nos colis envoyés depuis chez nous. S'ils avaient été perdus ou retardés par la poste, les choses se seraient très mal passées pour nous. Heureusement, nos colis arrivaient fréquemment et régulièrement. Cela nous surprit beaucoup, puisque nous avions eu maintes occasions de découvrir que les Boches eux-mêmes étaient dangereusement en manque de nourriture de toute espèce. Nous nous attendions à ce qu'un grand nombre d'entre eux soient volés ou pillés. Dans quelques cas, quelques éléments ont été extraits, mais pas en règle générale, ce qui parle bien pour les autorités postales allemandes.

J'ai déjà parlé du lieutenant boche qui faisait office d'interprète officiel auprès des Français et des Britanniques, et de la façon dont il essayait de rendre nos conditions plus difficiles à supporter qu'elles ne l'étaient déjà. Il est difficile de porter une accusation directe et plausible contre ce porc, mais chacun peut facilement comprendre que dans une vie comme la nôtre, ce sont les petites choses qui s'attaquent à l'esprit, les injures mesquines et les mauvais traitements. La façon même dont Harbe a dit « Bonjour » était une insulte. Certains d'entre nous recevaient le périodique intitulé *The Play* , que tout le monde connaît. Harbe les confisquerait sur tous les colis, au motif que la moralité des officiers britanniques et français était si mauvaise que les autorités allemandes estimaient de leur devoir de surveiller la littérature en faveur de *la culture* . Harbe nous expliquait soigneusement cela en face, et au lieu de lui en envoyer une dans les yeux pour son insolence, nous devions rester debout et grincer des dents. Un tel discours d'un sous-lieutenant allemand à un officier supérieur britannique ou français était bien entendu honteux. À plusieurs reprises, lorsque des officiers français écrivaient à leurs épouses et à leurs amies, il échangeait les enveloppes. Je ne suppose pas qu'il ait causé de problèmes, mais cela décrit le type d'homme qui dirigeait plus ou moins nos vies à Bischofswerda , un camp qui était à bien des égards assez bon.

En ce qui concerne les colis provenant de chez lui contenant des livres, Harbe mettait, comme je l'ai déjà dit, des mois à les censurer, puis retenait fréquemment même des ouvrages tels que Dickens ou d'autres livres inoffensifs. Lors des perquisitions officielles, cette bête faisait des commentaires offensants sur les photographies des proches ; et lorsque de gros colis de denrées alimentaires arrivaient de chez lui, il faisait des objections quant à la quantité et à la qualité des denrées envoyées.

« Eh bien, le poulet et la langue, c'est un luxe, et les prisonniers n'ont pas droit à ce luxe. Vous pouvez l'avoir cette fois, mais vous ne devez plus envoyer de produits de luxe, sinon ils seront confisqués. Vous dépensez trop d'argent en nourriture. Regardez-moi; Je vis de la ration que je reçois : pourquoi pas vous ?

«Eh bien, voyez-vous, nous n'avons pas été élevés de cette façon», fut ma réponse à cette question.

Bien sûr, j'ai été traduit devant le commandant pour des réponses impertinentes, mais en expliquant que je ne faisais que me défendre contre une attaque de Harbe sur la quantité et la qualité des denrées alimentaires envoyées de chez moi, le commandant m'a renvoyé, et je pense plutôt que c'était Harbe qui s'est fait gronder. Il a dit un jour qu'un prisonnier de guerre était un homme en disgrâce, qui n'avait aucun droit et qui ne devait en aucun cas pouvoir s'amuser. Il a dit qu'il fallait lui faire ressentir la honte de sa position !

CHAPITRE VII

À L'HÔPITAL DE DRESDE

EN mars, un médecin canadien récemment fait prisonnier nous a rejoint à Bischofswerda , et bien que la Convention de La Haye n'autorise pas la détention des médecins prisonniers pour une durée quelconque, ce Canadien était toujours là lorsque je suis parti en octobre, environ sept mois plus tard. Cependant, en ce qui nous concerne, il a été d'un grand réconfort, car nous avons reçu des nouvelles de première main sur les événements récents, ainsi que de précieux soins et conseils médicaux. Son diagnostic de mon cas s'est avéré absolument correct, *à savoir*. que mon mal était causé par des éclats de côtes logés dans le poumon droit ; de plus, en raison de la longue période pendant laquelle il avait été laissé sans surveillance, soit environ un an et demi, un état pleurotique chronique s'était installé. Le médecin canadien a eu un entretien avec le médecin allemand à propos de mon cas, mais l'Allemand a refusé. pour trouver quelque chose d'anormal, bien qu'il ait dit que, si la Commission suisse venait, il me soumettrait à un examen devant eux.

Au cours de la dernière semaine de mai 1916, nous fûmes informés qu'une visite de la Commission suisse était attendue sous peu, afin de rassembler certains officiers pour les transférer en Suisse. Une liste de ceux dont les blessures étaient suffisamment graves pour permettre une inspection par la commission a été dressée, bien que tous les officiers souffrant d'autres plaintes aient été effectivement inspectés par la commission suisse à son arrivée. Une grande émotion régnait le jour fixé pour la visite, qui ne devait finalement apporter que bien peu de consolation. A l'exception d'un officier qui avait été touché à la main, dont il avait plus ou moins perdu l'usage, aucun autre officier n'était inscrit sur la liste des possibles, à part moi.

Au début, les Suisses semblaient désireux de me prendre, mais les médecins allemands ne voulaient pas en entendre parler. Le résultat de la discussion entre eux fut un compromis, les Suisses insistant pour que je me soumette à un examen approfondi avec des rayons de Röntgen , afin de décider si c'était un éclat ou autre chose qui causait le problème. Les médecins allemands ont dit que ce n'était absolument pas nécessaire, que j'étais en bonne santé, mais que si après examen une opération était nécessaire, elle devrait avoir lieu en Allemagne. Le médecin canadien déjà mentionné a appris lors d'une conversation privée avec les Suisses que la raison pour laquelle les Allemands ont refusé de me laisser partir était qu'ils avaient peur des questions qui seraient inévitablement posées en Suisse quant à la raison pour laquelle ils avaient laissé mon poumon sans surveillance pendant cette période. d'un an et demi, sans même se soucier de poser un bon diagnostic.

Ainsi s'est terminée la première visite de la Commission suisse. Près de trois semaines s'écoulèrent avant que mes ordres ne parvinssent pour l'examen médical, qui eut lieu dans une ville appelée Bautzen, à environ vingt-huit milles de Bischofswerda . C'est un très grand dépôt militaire et contient un certain nombre d'hôpitaux. Nous avons été conduits à l'un d'eux, moi-même et un officier canadien qui m'accompagnait. Pendant un certain temps, nous sommes restés assis sur le terrain d'exercice de l'hôpital, où un certain nombre de soldats allemands blessés étaient assis ou se promenaient. Nous avons apparemment suscité beaucoup d'intérêt, mais aucune insulte ni aucun regard désobligeant ne nous ont été adressés, bien au contraire. C'est un fait psychologique curieux que, à l'égard des Boches qui ont effectivement combattu en première ligne, ils semblent considérer leurs ennemis avec beaucoup plus de respect, ce qui, après tout, je suppose, est naturel, puisqu'ils ont réellement vu et vu leurs adversaires. Nous avons ressenti les magnifiques qualités combattantes de nos troupes et sommes donc sceptiques à l'égard des articles de leurs journaux qui minimisent continuellement la force de nos armes. D'un autre côté, ceux qui sont sur les lignes de communication, etc., croient aux journaux, n'ayant aucune expérience pratique propre pour équilibrer leur raisonnement ; et, comme c'est typique du caractère boche dans son ensemble, lorsqu'ils se sentent vainqueurs ou confrontés à une force plus faible que la leur, ils sont des tyrans du pire caractère possible.

En ce qui concerne les événements survenus à l'hôpital de Bautzen, après avoir consulté les spécialistes, des dispositions immédiates ont été prises pour un examen radiographique. Le résultat de cela a montré à notre médecin canadien qu'il avait raison. Le spécialiste allemand m'a alors demandé pourquoi cela n'avait pas été fait auparavant et pourquoi aucune opération n'avait été effectuée. Il a déclaré : « À mon avis, cela doit être fait immédiatement ; en même temps, je dois vous avertir qu'en raison du temps qu'on a laissé s'écouler, une croissance considérable s'est naturellement produite dans la zone touchée. Il a ajouté que l'opération serait maintenant très dangereuse et que même si elle réussissait, il ne pouvait garantir que j'irais mieux et qu'il devrait me demander de décider sur-le-champ si je la subirais ou non. pas. Interrogé sur le résultat probable si je ne me sentais pas enclin à prendre le risque, il répondit : « Votre état ne sera peut-être pas pire, mais je serai surpris si vous ne le faites pas, et je considère que la tuberculose va probablement s'installer. si ce n'est pas déjà fait.

Cet avis a décidé pour moi, j'ai donc déclaré par écrit que l'opération avait été faite selon mon propre souhait et à mes risques et périls, car sinon ils ne feraient rien.

Après un examen plus approfondi, mon ami et moi sommes retournés en train à Bischofswerda . Environ une semaine plus tard, le médecin m'a appelé et m'a expliqué que l'opération était très dangereuse et que j'aurais encore le temps de pleurer ; le commandant fit de même quelques jours plus tard ; mais la menace de tuberculose du spécialiste m'a décidé absolument, car il n'y avait pas d'alternative possible. Si j'avais la maladie, j'étais foutu ; si c'était faute d'opération, j'étais foutu ; donc la seule chose à faire était de faire confiance à la chance. Près d'un mois s'est écoulé avant que mes derniers ordres d'aller à l'hôpital de Königstein ne soient reçus et, le jour de leur arrivée, on m'a dit d'être prêt à partir dans trois jours, conformément aux instructions de Berlin.

La veille de mon arrivée à l'hôpital, le commandant reçut l'ordre de me rendre à l'hôpital de réserve de Dresde au lieu de Königstein , où je me rendis finalement. Mais avant de partir, j'écrivis deux lettres que je remit à un de mes confrères officiers. Ces deux lettres contenaient le récit exact du traitement, ou plutôt de l'absence de traitement, de ma blessure, qui ne devait être délivrée qu'au cas où l'opération serait mortelle. L'une était adressée à l'ambassadeur américain et l'autre à ma mère.

Le voyage jusqu'à Dresde depuis Bischofswerda s'est déroulé plus ou moins sans incident, à l'exception du fait qu'un taxi a été réservé pour nous conduire, moi et le garde, à la gare, ce que j'ai bien sûr dû payer, ainsi que mes bagages jusqu'à Dresde. car, n'ayant aucune garantie de ne pas mourir de faim à l'hôpital, j'avais emporté avec moi mon stock de nourriture en conserve, étant un prisonnier trop vieux pour être surpris en train de faire une sieste à cet égard. Le taxi et le transport m'ont coûté une trentaine de shillings, bien que Dresde ne soit pas à plus de vingt milles.

Dans ce voyage à Dresde, et en la traversant pour me rendre à l'hôpital, j'eus d'excellentes occasions de jauger l'aspect de la population. Des regards amers me rencontraient partout, mais pas d'insultes. Dans l'ensemble, les gens semblaient surmenés et sous-alimentés, vaquant à leurs tâches avec une sorte d'acharnement morose. Deux des principales places de Dresde étaient remplies de recrues en formation – des garçons d'à peine seize ou dix-sept ans et des hommes qui paraissaient plus de cinquante ans, la plupart étant de petite taille et de mauvaise qualité.

L'hôpital était rempli de soldats allemands blessés et de quelques officiers convalescents. Il s'est avéré que c'était un endroit immense, doté d'un terrain des plus excellents, bordant le Königsvald , où une fanfare régimentaire jouait trois fois par semaine. Une chambre propre m'a été attribuée dans l'une des salles, et ce fut un grand soulagement de constater que je devais en avoir une privée pour moi seul.

Le lendemain de mon arrivée, un spécialiste allemand réputé m'a rendu visite dans ma chambre et a procédé à un examen approfondi de ma poitrine. Cet après-midi-là, un jeune officier de convalescence allemand fut chargé de m'emmener faire une courte promenade que nous fîmes dans le Königsvald , un très beau vallon boisé, plein de délicieuses sources bouillonnantes et de belles clairières vertes, très rafraîchissantes pour les yeux d'un prisonnier. L'officier était très courtois et sympathique. Ce soir-là, au retour de la promenade, je reçus de nouveau la visite du spécialiste, qui se dit heureux de pouvoir m'apprendre que je n'étais pas tuberculeux, comme il l'avait cru après son examen du matin ; il m'expliqua aussi que, si je me remettais entre ses mains, il garantirait que l'opération se ferait sans grand danger. Il voulait dire par là que, dans mon état actuel, une anesthésie n'était pas recommandée et que si j'acceptais de la subir sans, il me garantirait que tout irait bien. Le lendemain matin, l'opération eut lieu et elle fut exécutée de la manière la plus belle et la plus satisfaisante. Je ne m'étendrai pas sur mes propres sentiments pendant l'épreuve, car il ne faut pas une imagination débordante pour les imaginer, quand on considère qu'une grosse opération comme celle-ci est réalisée sans anesthésie .

Mon traitement généralement à l'hôpital de Dresde était des meilleurs. Je n'aurais pas pu être mieux traité si j'avais été à la maison, ni en matière d'attention, ni en matière de nourriture. Ma propre nourrice a été particulièrement attentive et je lui en serai éternellement reconnaissant. Cet heureux état de choses subit cependant un changement extraordinaire le jour où la Roumanie entra en guerre, lorsque, tandis que ma nourrice restait fidèle, la matrone de la salle, qui jusqu'alors avait été très amicale, vint dans ma chambre et me tendit le poing. mon visage, m'a traité de Schweinhund Englander, a maudit les Anglais et tout ce qui les concernait, et a donné l'ordre qu'on me coupe toute ma nourriture invalide et qu'on me donne à la place les rations des soldats. Cela a été fait.

Un incident que j'ai oublié de mentionner tout à l'heure et qui montre le fonctionnement extraordinaire de l' esprit boche . Pour que cette opération spéciale soit réalisée, il avait fallu donner ma parole par écrit, stipulant que je ne tenterais pas de m'évader à partir du moment où j'aurais quitté la prison pour l'hôpital jusqu'au moment où je reviendrais de l'hôpital au camp de prisonniers. . Dans les circonstances actuelles, j'ai obtenu la permission d'accorder cette libération conditionnelle auprès de l'officier britannique supérieur de Bischofswerda . Cependant, en me rendant à l'hôpital, j'ai découvert une sentinelle postée à la porte de ma chambre et une autre devant la fenêtre. Bien entendu, je me plaignis immédiatement auprès du commandant de l'hôpital de ce que j'avais donné ma liberté conditionnelle et, naturellement, je me sentis extrêmement insulté de trouver deux sentinelles qui me gardaient. Il sourit et dit que l'ordre venait d'en haut et qu'il ne pouvait rien faire.

Ces deux sentinelles sont restées de garde jusqu'à ce que je quitte l'hôpital, ce qui est des plus humoristiques. Imaginez placer deux sentinelles pour garder un homme entre la vie et la mort, avec une énorme incision dans la poitrine, afin de l'empêcher de s'échapper s'il ne respectait pas sa libération conditionnelle ! Je n'aurais *eu* qu'à parcourir quatre cent cinquante milles pour m'échapper, et cela pour quelqu'un qui n'avait même pas la force de se nourrir. Que vaut la parole d'un officier allemand, s'il accepte la libération conditionnelle d'un autre homme et prend ensuite des mesures pour éviter qu'elle ne soit rompue ?

Très progressivement, j'ai commencé à reprendre des forces et dès que j'ai pu m'asseoir sur une chaise, j'ai été retiré de l'hôpital et renvoyé à Bischofswerda , très heureux de revoir tous mes anciens amis. Mais mon enlèvement a eu lieu trop tôt, et les cahots de la voiture m'ont tellement bouleversé que je suis tombé de nouveau malade et j'ai subi une rechute très importante, étant cloué au lit dans la chambre d'hôpital de Bischofswerda . J'y restai plus d'un mois, pendant lequel de nombreux petits incidents intéressants me survinrent. Par exemple, il apparaît que, contrairement à toutes les règles et réglementations boches , mes colis avaient été arrêtés et ouverts sans la présence d'aucun officier britannique et, bien entendu, deux colis contenant chacun mille marks avaient été saisis. Le lieutenant Harbe m'a rendu visite dans la chambre d'hôpital, a envoyé tout le monde dehors, a fermé les fenêtres et a commencé à me harceler, même s'il savait que j'étais très faible à ce moment-là. Il m'a également insulté de toutes les manières possibles. Après son départ, j'ai eu une forte fièvre et le lendemain, je l'ai signalé au commandant.

Quelques jours après, M. Jackson, l'assistant de l'ambassadeur américain, arriva. Il m'a rendu visite à l'hôpital et a entendu mon récit de malheur contre Harbe , qu'il a porté au commandant, lui demandant de se débarrasser de Harbe , car pendant tout le temps qu'il était à Bischofswerda , il avait délibérément essayé et insulté les officiers à tel point qu'il leur était difficile de se contenir. C'était donc une personne très dangereuse à avoir dans le camp, car si l'un d'entre eux l'avait frappé, comme il le méritait, cela aurait constitué une offense des plus graves. Cependant, il n'en résulta rien, si ce n'est qu'il fut interdit à Harbé de converser avec moi sauf en présence d'un autre officier.

Après avoir passé un mois dans la chambre d'hôpital, j'ai été emmené seul dans une petite chambre au premier étage, où j'ai rapidement commencé à reprendre des forces, étant capable de traverser la pièce à pied dans les premiers jours d'octobre. La veille de ma sortie de l'hôpital, deux officiers britanniques ont fait une très belle tentative de fuite, l'un se procurant des vêtements civils par mon intermédiaire, l'autre ayant confectionné un uniforme de soldat allemand. Tous deux sortirent du camp, déguisés en tailleur qui nous rendait visite de la ville et en sa garde en uniforme allemand. Ils s'éloignèrent complètement du camp, lorsqu'un officier les croisant sur la route, à quelques mètres du camp, signala au poste de garde que le soldat descendait la ville sans armes de poing, c'est-à-dire sans baïonnette ; et c'est ainsi qu'ils furent tous deux attrapés. Ils ont été immédiatement traduits en cour martiale et placés en cellule.

Le 8 octobre, Harbé et trois sentinelles entrèrent dans ma chambre, où j'étais encore au lit, et m'informèrent que j'allais être envoyé dans un camp disciplinaire, que toutes mes affaires seraient désormais emballées en sa présence et que Le lendemain matin, à quatre heures, je devrais partir pour le nouveau camp. Je lui ai expliqué que je pouvais à peine marcher et que je ne pouvais certainement pas faire mes bagages, alors il a commencé à jeter mes affaires dans mes deux cartons. J'ai alors fait venir mon grand ami, qui est venu gentiment et a tout emballé pour moi, et a également insisté pour que je prenne toute ma nourriture, ce à quoi Harbe s'est opposé. Cependant, mon ami a persisté ; et c'était vraiment bien qu'il l'ait fait, car moi- même et d'autres aurions probablement crevé de faim si je n'avais pas emporté de la nourriture avec moi.

Le lendemain, je me suis levé du lit avec un certain effort. En me rendant au rez-de-chaussée, où un officier et un garde nous attendaient pour nous escorter, j'ai découvert que l'officier qui avait tenté de s'échapper, déguisé en tailleur, m'accompagnait au nouveau camp. Nous sommes partis en taxi jusqu'à la gare et, après un voyage très éprouvant et fatigant, sommes arrivés à Ingolstadt, en Bavière, à 9 heures 30 le même soir, de sorte que nous avons voyagé pendant dix-sept heures. Pour moi, qui n'étais pas sorti du lit depuis dix semaines, sauf pendant mon voyage de Dresde à Bischofswerda , et après ma très grave opération, on imagine bien la fatigue du voyage. De plus, l'officier responsable, qui s'était montré très civil et courtois en chemin, nous a laissés à la gare, et nous avons été obligés de marcher de la gare jusqu'à l'un des camps de repos des soldats allemands, sans pouvoir le faire. pour atteindre la prison d'Ingolstadt cette nuit-là. Il y avait environ six kilomètres jusqu'à ce camp de repos, et la marche m'a presque achevé. En même temps, j'avais avec moi un lourd sac que j'aurais dû porter aussi si mon camarade qui m'accompagnait ne l'avait pas fait. Comme il était major, ce n'était pas une position très agréable pour moi ; et s'il n'avait pas été un type aussi splendide, j'aurais insisté pour le porter moi-même, un effort qui aurait certainement été désastreux.

En arrivant au camp de repos, après avoir été obligés de piétiner au milieu d'une route boueuse, les prisonniers étant jugés trop méprisables pour pouvoir marcher sur le sentier, nous avons trouvé un bâtiment en bois crasseux, sale, rempli des déchets les plus sales. et les soldats boches les plus débraillés que j'aie jamais vus. Au fond de ce bâtiment se trouvait une petite pièce cloisonnée dans laquelle nous étions enfermés et enfermés pour la nuit. J'ai vu des endroits sales, mais celui-ci a certainement pris le gâteau. Quatre lits et une table étaient tout ce dont elle pouvait se vanter : les lits si rapprochés qu'ils se touchaient, les couvertures et les draps noirs de saleté et de graisse. Heureusement, notre expérience précédente nous avait appris la valeur de la poudre de Keating, dont nous avions une partie avec nous, et nous en avons généreusement aspergé toute la pièce, les draps et tout. À notre grande surprise, même s'il était si tard, un grand bol d'une très bonne soupe aux haricots nous fut envoyé, ce dont nous étions extrêmement reconnaissants.

Après avoir passé la nuit, trois officiers russes nous rejoignirent, de sorte que nous ressemblâmes maintenant beaucoup à l'ancienne comparaison de sardines dans une boîte. Mais même si notre environnement était si inconfortable, j'étais trop fatigué pour prêter attention à quoi que ce soit et j'étais reconnaissant de me glisser dans mon lit. Le lendemain matin, à 9 heures du matin, on nous apporta un petit déjeuner assez convenable, que nous devions payer, comme d'habitude ; mais nous l'avons quand même obtenu, ce qui était l'essentiel, et peu de temps après, nous avons marché jusqu'à une petite gare située à environ 800 mètres de là, d'où nous avons pris le train pour la gare du Fort d'Ingolstadt. À notre arrivée, une nouvelle marche d'environ un demi-mile nous a amené à la forteresse d'Ingolstadt. Alors que nous franchissions les douves pour entrer dans la forteresse, une vilaine sensation de froid s'est glissée dans mon dos et les mots m'ont traversé l'esprit : « Abandonnez tout espoir, vous tous qui entrez ici. »

CHAPITRE VIII

L'ENFER D'INGOLSTADT

JE VAIS maintenant me référer, si vous me le permettez, à une ou deux petites notes que j'ai prises lors de mon voyage depuis la Saxe. En premier lieu, je n'ai jamais vu un seul porteur masculin dans aucune gare. Les gardes dans les trains étaient tous des femmes ; et lorsque le train traversait lentement n'importe quelle sorte de terre cultivée, nous voyions des groupes de vieillards et de petits enfants faire une sorte de travail dans les champs, bien que nous soyons en novembre et qu'on croirait qu'il n'y avait pas grand-chose à faire. Je n'ai jamais vu un seul homme âgé de quatorze à cinquante-cinq ans, ni dans les rues, ni en ville, ni dans les fermes, ni ailleurs. C'était comme si l'Allemagne avait été complètement dépeuplée d'hommes entre ces âges. Ce qu'ils ont fait de leurs inaptes , Dieu le sait.

Pour entrer dans la forteresse d'Ingolstadt, il fallait d'abord entrer par la porte du poste de garde qui bordait la route et qui était composée de tôle. De là, quarante mètres vous menaient à une grande grille en fer, protégeant l'approche du pont passant sur les douves. Cette grille, ainsi que la porte du poste de garde, étaient verrouillées et gardées nuit et jour. Après avoir traversé la grille et franchi les douves, on accédait à l'entrée principale de la forteresse par une chaussée pavée. La porte se composait d'une paire de portes massives en acier, pliantes au milieu, et encastrées dans la maçonnerie des ouvrages inférieurs. Ces ouvrages en pierre étaient protégés des tirs d'artillerie par de grands ouvrages de terrassement, les surmontant à une grande hauteur, disposés en créneaux et caponnières , avec des plates-formes d'artillerie. En entrant dans la forteresse, nous nous trouvâmes dans l'un des endroits les plus sombres, les plus humides et les plus inhospitaliers que j'ai jamais connu, l'humidité et l'obscurité étant causées par les travaux de terrassement au-dessus, qui s'élevaient à une hauteur de trente-cinq pieds du toit. des maçonneries . Tout l'intérieur s'est ensuite révélé extrêmement sale. Ci-contre, un plan de la forteresse dominant les terrassements.

En franchissant ces portails sombres, nous fûmes immédiatement conduits aux quartiers du commandant, qui étaient situés à côté de l'entrée. Ici, nous avons été fouillés, mais rien d'important n'a été découvert. Ma première impression du commandant fut bonne. Je ne tardai pas à découvrir qu'elle était erronée, comme nous le verrons plus loin.

Après notre examen, nous avons été conduits à notre cellule, qui devait être ma maison pendant sept mois. Cela n'avait pas l'air attrayant. Une description générale de la forteresse est nécessaire pour que le lecteur puisse comprendre les événements ultérieurs. Avec l'aide du plan, cela ne devrait pas être très difficile.

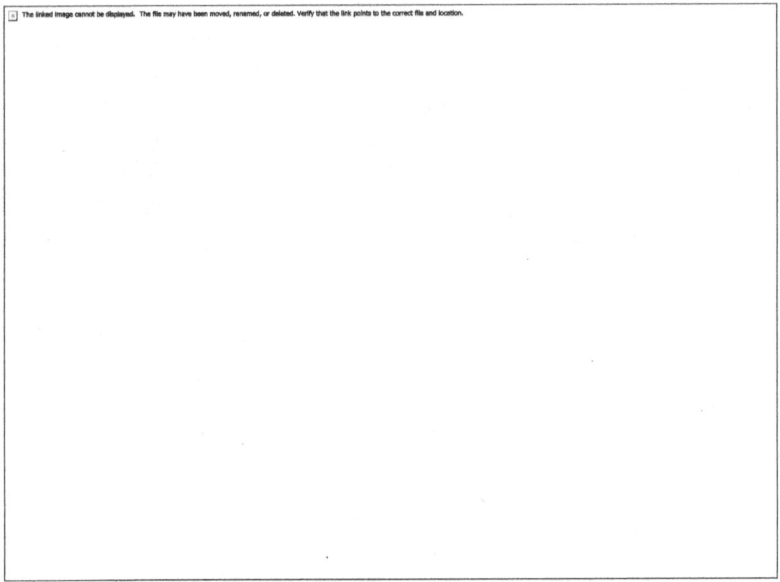

FORTERESSE D'INGOLSTADT

BAVIÈRE

« FORT N°. 9"

Les salons attribués aux prisonniers étaient une série de cellules en forme de tunnel, longeant les façades nord et sud de la forteresse. Celles-ci étaient reliées par un long couloir en pierre et divisées en deux ailes par l'entrée principale, comme le montre le plan. Chaque cellule était reliée à sa voisine par une petite arcade cloisonnée afin de constituer des compartiments séparés. Ces cloisons étaient dans certains cas en bois, dans d'autres elles étaient maçonnées. Les cellules mesuraient vingt-six pieds de long sur quinze pieds de large et contenaient chacune six officiers. Ainsi, avec six lits, une table à manger, un fourneau (fourni par nos soins) et un espace réservé pour servir de cuisine et d'arrière-cuisine, il n'y avait pas beaucoup de place. Le toit étant voûté comme un tunnel, il n'était pas possible de profiter pleinement de l'espace au sol, car on ne pouvait pas se tenir debout à proximité des murs. Ces murs étaient en granit, mal blanchis à la chaux et exsudaient l'humidité. Par tout temps humide, les festons de toiles d'araignées qui contribuaient à orner le plafond brillaient comme une longue grotte. D'un côté des cellules, un petit drain, creusé dans le mur, servait de passage aux eaux situées au-dessus. Ce drain débouchait dans la cellule par une petite trappe, à travers laquelle on pouvait à la fois entendre et voir le goutte-à-goutte continuel de l'eau qui, par temps de pluie, se formait en un petit ruisseau, inondant parfois la cellule. À tout moment, un large anneau d'humidité recouvrait le sol à proximité.

Comme expliqué précédemment, on accédait aux cellules par un long couloir de pierre parallèle à celles-ci, éclairé par des lucarnes tous les quarante ou cinquante mètres, qui perçaient vers le haut à travers les terrassements au-dessus d'elles. Celles-ci laissaient cependant très peu de lumière, sauf lorsque le soleil brillait. On risquait toujours de se heurter à quelqu'un qui marchait dans la direction opposée ; en fait, de nombreux coups durs ont été reçus de cette manière. Les latrines étaient situées au fond de chacun de ces couloirs. Ce n'est pas un sujet sur lequel on a envie de s'étendre, mais dans cette histoire, c'est nécessaire, afin de se faire une idée correcte des conditions dans lesquelles nous avons vécu. Ces latrines consistaient en un simple trou dans le sol en pierre, sans aucune forme de drainage. En conséquence, l'atmosphère dans le couloir devenait parfois presque insupportable, puisque le couloir agissait comme une sorte de conduit d'évacuation vers les latrines, avec lesquelles il était directement relié, le résultat final étant que, lorsque les officiers entraient et sortaient de ces pièces, une certaine quantité de cette odeur nauséabonde pénétrait dans les cellules. Nous avons donc dû dormir, nous nourrir et vivre dans une de ces cellules, attaqués de l'intérieur par des conditions insalubres, vivant dans une cellule de pierre sale, humide et mal éclairée, menacés de l'extérieur par les moustiques et les miasmes qui montaient des eaux des douves. , sur lequel les cellules regardaient à travers des fenêtres très fortement grillagées. Les sols étaient en asphalte, qui faisait froid jusqu'aux moelles, de sorte que la plupart d'entre nous étaient toujours raides de rhumatismes.

Au début, nous étions autorisés à faire de l'exercice dans les creux marqués X et Y sur le plan, ainsi qu'à faire le tour des remparts des terrassements protecteurs. Mais cela fut très vite stoppé, grâce à une tentative de fuite par les douves ; et enfin, le seul terrain d'exercice qui nous était permis était celui marqué Z sur le plan, immédiatement sous le pont-levis et l'entrée principale, un espace un peu plus grand qu'un court de tennis pour que trois cents d'entre nous puissent s'exercer. il doit paraître presque incroyable que même un Hun puisse incarcérer un prisonnier de guerre dans un enfer comme celui-ci, immédiatement après avoir subi une opération très sérieuse ; mais c'était ainsi.

Après avoir donné une esquisse du logement des prisonniers dans la forteresse, je propose maintenant d'enregistrer les événements d'une journée ordinaire. *Appell*, ou appel nominal, était à 7h30 du matin et détenu en cellule. L'annonce de l' *Appell* fut annoncée par une énorme sonnette d'alarme installée dans chaque aile. Après que cette cloche ait sonné, aucun agent n'était autorisé à quitter sa cellule, quelles que soient les circonstances. Le sous-officier boche et une sentinelle visitent tour à tour les cellules, comptant six officiers dans chaque cellule. Le sous-officier est entré dans les cellules par le couloir pour effectuer ce comptage, la sentinelle restant à l'extérieur pour éviter qu'un officier déjà compté ne descende le couloir jusqu'à une cellule qui n'avait pas été comptée et soit ainsi recompté . La nécessité de cela était que, dans le cas où un officier s'enfuyait, un autre étant compté deux fois, cela donnerait à l'évadé le temps de s'éloigner du camp, s'il avait eu la chance de s'échapper.

Après l' *appel, le* petit-déjeuner nous fut servi par l'infirmier français affecté à notre cellule. Le lecteur ne doit pas imaginer que nous ayons eu recours à l'infirmier toute la journée ; il avait de nombreuses autres fonctions à remplir pour les Boche . Il faisait généralement nos lits et vidait les eaux usées (pas toujours), et faisait occasionnellement la vaisselle après les repas. Il est également allé chercher notre eau fraîche dans un seau. Le petit-déjeuner consistait en une grande tasse de café chaud, déjà mélangé avec du lait. En fait, il était composé de glands moulus et d'un petit pourcentage de chicorée, et était tout à fait imbuvable. Ceci, avec trois onces de pain noir, composé principalement d'épluchures de pommes de terre, de son et de sciure, était tout ce que nous avions pour le petit-déjeuner. Au repas de midi, nous recevions cinq pommes de terre pour six officiers, ou un rutabaga pesant environ 1 livre et demi, ou dix-sept bâtonnets d'asperges en conserve. Chaque cellule avait sa ration *en bloc* , de sorte que la nourriture qui arrivait était répartie entre les six personnes de chaque cellule. Pour le dîner, une tasse de soupe composée de haricots blancs moulus (parfois comestibles, mais pas souvent), était servie au petit-déjeuner.

Ce qui précède constituait les rations régulières. En plus de cela, nous recevions d'autres rations : 45 grammes de viande chacun par semaine, os compris, et parfois du poisson puant, si mauvais qu'il ne pouvait pas être gardé dans la cellule plus d'une minute ou deux. Les autres rations étaient constituées de quinze morceaux de sucre chacun par mois ; 1 livre de thé (coupé dans la tige) pour six officiers, généralement deux fois par mois ; et enfin, un verre de rhum de xérès toutes les six semaines pour nous six, et une assiette creuse de fruits en conserve. Toute la nourriture qui n'était pas fournie dans la ration journalière n'était donnée par les Boches que pour qu'ils puissent sortir une liste montrant comment ils nourrissaient bien leurs prisonniers. Ce dernier était principalement destiné à l'édification de l'ambassadeur américain. Ce qui suit semble vraiment très bien : Rhum, Sucre, Thé, Viande, Pain, Soupe, Légumes, Pommes de terre, Fruits, Poisson .

Mais tout cela brille, etc. — comme le montrera ma description de la façon dont cette nourriture était préparée et distribuée. Peu après le matin *d'Appell,* nous nous précipitions vers le bain, ou ce qu'on appelle le bain. Seul un dessin de Heath Robinson pourrait lui rendre justice. Aucun mot ne pourrait décrire ces arrangements extraordinairement primitifs. Un chaudron en ciment, au sommet duquel reposaient plusieurs grands bassins, contenant l'eau à chauffer. On accordait un tiers d'un sac de charbon trois jours par semaine, pour chauffer l'eau de ces bassins, ce qui devait suffire aux ablutions de trois cents officiers. L'eau, lorsqu'elle était chaude, était versée à la main avec une soupière agrandie et jetée dans un bain. De là, l'eau était pompée à la main vers une série de fûts de bière, reposant sur une charpente en bois et cloisonnés de manière à avoir un fût au-dessus de chaque compartiment. Le baigneur procédait alors à l'écoulement de l'eau des tonneaux en actionnant une vanne grossière, lorsque l'eau, pratiquement froide , à cause des nombreuses vicissitudes auxquelles elle avait été soumise, se déversait en un lent filet sur le baigneur. Néanmoins, il y avait une terrible bousculade quotidienne pour le bain. On aurait pu ignorer cet arrangement de l'âge de pierre si l'endroit avait été gardé propre, mais la saleté qui y régnait était indescriptible. Des jets d'eau savonneuse coulant sur le sol en terre battue en avaient fait une sorte de graisse pour essieux. Il fallait faire très attention pour ne pas glisser ; car glisser, ce que l'on faisait souvent, signifiait être couvert de crasse, qu'aucun lavage à l'eau froide ne pourrait enlever.

Après avoir accompli les ablutions de la matinée dans ces conditions délicieuses, l'un ou l'autre des officiers de chaque cellule était chargé de préparer le petit-déjeuner et de mettre la table. Nous prenions généralement cela à tour de rôle et nous prenions également un très bon petit-déjeuner, c'est-à-dire lorsque nos colis arrivaient régulièrement de chez nous. Aucun couteau, fourchette, cuillère ou assiette ne nous a été fourni, ni aucun ustensile pour cuisiner. Nous avons été obligés d'acheter notre propre poêle. Le charbon qui nous était fourni tous les deux jours équivaudrait à deux petits seaux . Cela devait servir à réchauffer la cellule et à cuire toute la nourriture nécessaire. Il y avait des moments où cette allocation de charbon diminuait considérablement en dessous du montant, surtout pendant la période la plus froide. À une certaine époque, nous ne pouvions nous permettre d'allumer le feu qu'après midi. C'était en janvier, lorsque le thermomètre atteignait trente-deux degrés centigrades au-dessous du point de congélation. Laissez le lecteur imaginer ce que cela signifie dans une cellule de pierre, située à trente-cinq pieds sous terre. Certes, nous n'avons pas souffert de l'humidité, puisque tout était glacé. Notre évent de drainage était constitué de glace solide d'environ un pied d'épaisseur.

On a expliqué qu'en novembre nous avions le droit de faire de l'exercice sur les remparts, ce qui formait une promenade très agréable. De cette hauteur, on pouvait avoir une bonne vue sur la campagne environnante. Aucune pancarte n'expliquait exactement quelle partie des remparts nous étions autorisés à fréquenter. Nous les avons donc parcourus sans encombre. Il y avait six sentinelles postées sur les caponnières qui dominaient les douves ; il n'y avait donc aucune raison terrestre pour nous interdire de marcher ou de nous asseoir quelque part sur les remparts, puisque chaque partie était surveillée par les sentinelles. En dehors de cela, pour descendre des remparts jusqu'au niveau des douves, il faudrait descendre un talus très escarpé d'une cinquantaine de pieds. L'évadé se retrouverait alors à tirer dans les bras de l'anneau extérieur de sentinelles stationnées à l'intérieur et au niveau des douves, avec des sentinelles des deux côtés de celles-ci.

Cependant, alors que nous avions pu parcourir à volonté les remparts, un jour la sentinelle de la caponnière principale ouvrit brusquement et sans sommation le feu sur deux officiers russes couchés près des parapets sous lui, qui profitaient d'un court éclair de soleil. . La sentinelle leur a tiré dessus sans raison apparente. Heureusement pour les Russes, ils ne furent pas touchés, même si ce n'était qu'une question de centimètres, la sentinelle n'étant pas à plus de soixante pas d'eux. Bien entendu, cela provoqua une effroyable agitation dans le camp. La sentinelle a failli être assaillie par les prisonniers. En fait, je pensais que cela allait arriver et je faisais de mon mieux pour les calmer, car les prisonniers devaient être les perdants à la fin, les poings étant très peu utiles contre les fusils, surtout à l'intérieur d'une forteresse. En une minute ou deux, l'intérieur de la forteresse fut inondé de gardes de la salle des gardes, et les prisonniers furent rassemblés dans leurs cellules et enfermés.

Le commandant était dans une grande agitation, sachant très bien qu'il n'en faudrait pas beaucoup pour que s'enflamment les braises des sentiments surchargés des prisonniers . Le ver se retournera, même s'il n'a aucun moyen de défense , et notre traitement approchait rapidement de la limite de la petite persécution. Depuis lors, l'usage des remparts et des terrains d'exercices intérieurs nous fut interdit, de sorte que nous n'avions pour exercer que le petit espace pavé situé à l'entrée de la forteresse.

Vers la fin du mois de novembre, le temps commença à devenir extrêmement froid et, par conséquent, nos conditions devinrent insupportables, faute de charbon suffisant pour nous chauffer. Cela a suscité une autre petite attention de la part des Boches, semblable à celle décrite ci-dessus. Un lot de prisonniers fut transféré du fort vers un autre camp, ce qui laissa vacante une des cellules. C'était une trop belle occasion pour la rater, car il se peut qu'une partie du charbon soit laissée par les officiers qui viennent de partir. L'un des officiers britanniques s'est donc rendu dans la cellule vide. Rien ne l'empêchait de le faire, car il lui suffisait de parcourir le couloir depuis sa propre cellule jusqu'à atteindre l'autre. Mais aussitôt il passa la tête par la porte, et la sentinelle dehors lui tira dessus à travers la fenêtre grillagée. Heureusement, il lui manqua, mais ce n'était pas la faute de la sentinelle. Bien sûr, nous nous sommes plaints d'un traitement aussi honteux, et le commandant a dit qu'il évaluerait sévèrement la sentinelle, mais il n'en est jamais sorti rien en guise de réparation.

CHAPITRE IX

UN COMMANDANT « BÊTE BLONDE »

POUR illustrer davantage le schéma général du traitement, je raconterai la forme des soins médicaux qui nous ont été prodigués. Un médecin de la ville d'Ingolstadt nous rendait visite les lundis et vendredis. C'était un très bon garçon, même si je ne l'ai jamais vu sobre, et je suis allé le voir des dizaines de fois. Par conséquent, d'un point de vue médical, il était tout à fait inutile. Il avait comme assistant permanent un Alsacien français Tommy, dont la tâche était d'administrer les doses et de s'occuper des cas généraux, comme les massages contre les rhumatismes, dont nous souffrions tous, et le pansement des vieilles blessures gênantes. Cet infirmier n'avait reçu aucune formation et, en fait, nous lui avons appris à frotter et à panser. Il n'était pas en mesure de se procurer des médicaments et n'avait aucune autorité pour le faire.

Un jour, vers minuit, un officier russe a tenté de se suicider. Cela s'est produit dans l'aile droite des cellules qui, après 21 heures, était fermée à l'agent administratif du centre par des portes marquées W et T sur le croquis ; et bien que les camarades de l'officier faillirent enfoncer la porte pour obtenir une sorte d'aide médicale du commandant, celle-ci fut refusée ; par conséquent, le pauvre malheureux a dû rester couché et saigner jusqu'au matin, lorsqu'il a été transporté à l'hôpital de la ville, trop tard pour l'aider, je le crains ; mais bien sûr, nous n'avons jamais pu connaître le résultat. Une autre fois, un officier de mon aile (à gauche) fut pris d'une violente fièvre et de douleurs respiratoires effrayantes, qui se révélèrent être une double pneumonie. Nous avons essayé en vain d'obtenir de l'aide médicale, mais on s'est seulement moqué de nous de l'autre côté de la porte aux clous de fer et on nous a dit que le gardien des porcs devait tenter sa chance.

Il n'y avait aucune chambre de malade. Cela aurait pu être excusé si nous avions été dans ou à proximité d'une ville, mais comme nous étions situés à cinq milles de la périphérie de la ville, cela devenait inexcusable, d'autant plus que, en raison de l'état insalubre du camp, tout le monde était plus ou moins malade à l'arrivée. une période ou une autre. Une sorte de fièvre fiévreuse s'emparait de presque tout le monde, et il nous était très difficile de nous protéger des gros rhumes et des maux de gorge. Vers la fin décembre, le froid est devenu si intense qu'il était impossible de se réchauffer. La seule méthode pour maintenir la circulation était de sauter. Notre allocation de charbon, qui était auparavant totalement insuffisante, a été réduite. Il n'était désormais possible de l' utiliser qu'à des fins culinaires. Il a fallu trouver des moyens pour augmenter notre carburant, et c'est ce que nous avons découvert. Je fais référence aux cloisons en bois reliant les cellules qui n'étaient pas occupées, ainsi qu'à certaines cloisons en bois séparant les trous utilisés comme latrines et aux toilettes privées du commandant. Ceux-ci, moi et un autre homme qui s'est échappé d'Allemagne depuis, les avons démolis et brûlés dans nos fourneaux pour créer autant de chaleur que possible. Naturellement, les Boches ne tardèrent pas à s'en rendre compte, et comme ils ne purent découvrir les véritables coupables, tous les officiers de la forteresse furent facturés pour des réparations qui, malheureusement, n'eurent jamais lieu, comme on aurait dû le faire à l'époque. Nous avons eu du bois frais, même si nous avons brûlé tout ce qui nous tombait sous la main. Le bois brûle à une vitesse si effrayante que cela ne nous a permis de tenir que quelques semaines.

C'est en janvier que la Commission suisse a effectué une nouvelle visite ; mais bien que de nombreux cas se présentèrent à eux, un seul officier français fut accepté, et il fut finalement renvoyé de Constance. La commission m'a inscrit sur la liste, mais a refusé de faire du mien un cas particulier, car elle n'avait aucune trace de l'historique de ma blessure, de sorte que l'espoir de faire un voyage en train aux frais des Boches vers la frontière suisse s'est effondré. fin.

Les officiers britanniques passaient en général de nombreuses heures fatigantes à jouer au bridge et, en raison du manque de lumière pendant les longues et sombres soirées d'hiver, nous jouions constamment l'après-midi. Lors d'une de ces séances de l'après-midi, nous fûmes surpris en train de jouer notre jeu habituel dans une cellule partagée par quatre officiers britanniques et deux français. Un des officiers français partait pour un autre camp, libérant ainsi l'un des lits en bois. Les Boches ayant appris par une amère expérience qu'un lit vacant serait transformé en bois de chauffage, une demi-heure après son départ, se rendirent dans cette cellule pour déplacer le lit dans un endroit plus sûr. Cela s'est produit pendant notre partie de bridge. Or, pour retirer le lit de la cellule, il fallait le démonter, la porte de la cellule n'étant pas assez large pour permettre de le sortir tout entier.

En démembrant le lit, le menuisier boche chargé des travaux manqua une partie de son stock, ce qui entraîna un examen immédiat de notre cellule par le commandant en personne. Pendant cet interrogatoire, la porte de la cellule s'ouvrit et un officier français du nom de Borgeau entra. En voyant le commandant, il commença à s'excuser , ce à quoi le premier se précipita vers lui, le traitant de cochon de Français et divers autres noms insultants. Borgeau se retira très sagement dans sa propre cellule, située plus loin dans le couloir ; mais il laissa la porte de sa cellule ouverte, afin d'intercepter le commandant qui revenait à son bureau et de lui demander explication sur cette injure inutile. C'est ce qu'il fit, mais avant que Borgeau ait eu le temps de dire quoi que ce soit, le commandant se précipita vers lui et le frappa au visage et à la poitrine avec son poing fermé. Au même moment, ses deux sentinelles, baïonnette baissée, entrèrent dans la cellule avec le *Feldwebel* (sergent-major). Le commandant était comme une bête sauvage et, dans l'une de ses attaques furieuses contre les soldats sans défense, Borgeau, il a trop balancé et a fait tomber son propre *Feldwebel* de ses pieds. Cela a provoqué un éclat de rire de la part des autres occupants de la cellule et a accru le chaos général. Heureusement, Borgeau gardait la tête froide dans cette situation très difficile et résistait à la tendance à riposter. S'il l'avait fait, il aurait été abattu, c'est certain.

Plus tard dans la journée, trois officiers britanniques furent appelés au bureau du commandant pour signer certains papiers nécessaires, mais lorsqu'ils découvrirent qu'ils devaient traiter avec le commandant en personne, ils refusèrent de lui parler et lui dirent en français qu'ils effectueraient des transactions. leurs affaires avec le *Feldwebel* , car ils ne le considéraient (le commandant) ni comme un gentleman ni comme un officier responsable de ses actes après l'affaire de ce matin en frappant un prisonnier sans défense sans la moindre provocation. En conséquence, ils furent immédiatement confinés dans des cellules solitaires, réservées à cet effet, à l'intérieur de la forteresse. Deux policiers se sont échappés de ces cellules en deux heures environ et sont retournés dans leur propre cellule. Après avoir découvert cela, ils ont été transférés à la prison civile de la ville.

Comme on le verra, en échange du traitement ignoble que nous infligeaient les Boches , *nous ne leur laissions pas beaucoup de paix chaque fois que l'occasion se présentait d'agir autrement ; en conséquence notre garde fut doublée à la forteresse, ce qui nous plut beaucoup, car nous sentions que nous éloignions un certain nombre d'hommes du front et contribuions ainsi encore à faire notre petite part à la guerre* . Bien sûr, cela augmentait un peu les difficultés de fuite, mais pas dans une mesure appréciable. Il était presque impossible de s'en sortir avec ou sans une peau entière. Ceci étant, quelques gardes supplémentaires ne faisaient plus ou moins une grande différence.

Au cours du mois de décembre, je me liai d'amitié avec un officier français et nous décidâmes tous deux de mettre à exécution un plan d'évasion que nous avions imaginé. Malheureusement, je ne peux donner aucun détail sur l'épisode, car l'officier français qui était mon compagnon dans le complot est toujours prisonnier en Allemagne, et les circonstances sont telles que toute explication pourrait lui valoir des représailles, comme nous l'avons fait beaucoup. de dommages lors du processus de réalisation d'un exutoire.

J'ai déjà raconté comment des officiers britanniques et un Belge s'étaient échappés en passant par les douves gelées. Ce fut l'un des efforts les plus remarquables que j'ai vu, car les chances d'atteindre vivant l'autre côté des douves étaient presque *nulles* . Au début, il fallut s'élancer sur les caponnières depuis le terrain d'exercice intérieur, à la vue des sentinelles placées au sommet des caponnières , et descendre de l'autre côté, une descente à un angle de 60°, jusqu'à une profondeur de cinquante à soixante pieds, sur les douves gelées, qui faisaient environ soixante mètres de large, puis courez à travers la campagne sous le feu sur environ deux cents mètres et traversez un autre canal qui n'était pas gelé. Les sentinelles commencèrent à tirer avant que les fuyards n'atteignent les douves et continuèrent à tirer longtemps après leur traversée. A cette occasion, la malchance proverbiale de l'évadé est apparue. Un chariot militaire dévala la route habituellement déserte qui mène à la forteresse, et s'arrêta sur le pont qui traversait le canal extérieur ; une troupe d'environ huit ou dix Boches en sortit, et c'est ainsi que nos malheureux frères officiers furent attrapés.

X

À PARTIR POUR CREFELD

FIN février, nous avons été surpris par la visite de deux représentants de l'ambassade américaine, à qui nous avons fait part de nos malheurs et qui se sont prononcés assez fortement sur les conditions dans lesquelles ils nous trouvaient. L'attaque du commandant contre un officier français sans défense leur fut racontée en détail, ainsi que le fait que des officiers avaient été visés à l'intérieur de la forteresse alors qu'ils gisaient dans les remblais. Les représentants américains ont fait tous leurs efforts auprès du commandant pour obtenir plus de charbon pour chauffer nos cellules, ainsi qu'un plus grand espace pour l'exercice, nous demandant la permission d'utiliser à nouveau les terrains d'exercice intérieurs X et Y, qui nous étaient périodiquement fermés pour cause de *guerre générale* , et définitivement fermée après la tentative de fuite des officiers britanniques à travers les douves gelées.

Curieusement, nous avons été autorisés à voir la commission seuls, mais après notre entretien, ils se sont rendus chez le commandant, qui les a emmenés dans ce qu'on appelle le théâtre ou la salle de musique, où sans aucun doute le commandant s'est extasié devant les beautés et les utilités de le théâtre, oubliant d'expliquer que nous n'avions pas le droit d'y entrer et que la porte était fermée à clé, de sorte que peut-être la commission est repartie avec le sentiment qu'après tout les Boches essayaient de compenser les terribles conditions qui régnaient dans la forteresse en nous donnant accès à un théâtre improvisé.

La quantité de collyre préparée dans les camps pour une visite de quelque nature que ce soit, neutre ou boche , me paraissait extrêmement humoristique. Un camp s'activait comme une ruche pendant quelques jours avant la visite, balayant et nettoyant dans tous les coins, de sorte que les conditions générales s'amélioraient pendant un jour ou deux, et immédiatement après les visites, ils retombaient dans les anciennes conditions de vie. saleté.

Au cours des derniers mois, un projet d'évasion à grande échelle était en cours depuis une cellule assez proche de la mienne. Après plusieurs mois de travail manuel épouvantable , un tunnel allant du sous-sol de la cellule jusqu'au bord des douves a été achevé avec succès. Le jour de la nuit choisi pour la tentative, la malchance incessante des évadés a encore une fois ruiné tous ces plans soigneusement élaborés. Un grand chariot à eaux usées contenant un énorme cylindre de fer visitait le camp dans le but de vider les latrines. Pour atteindre ces latrines, le chariot à eaux usées devait passer par la bande de terrain séparant les cellules de la forteresse des douves, et ce faisant, il traversait le tunnel souterrain qui, à cet endroit, n'était qu'à trois pieds sous le niveau du sol. surface de la terre; et bien que le tunnel ait été renforcé avec toutes les sortes de bois possibles arrachés de tous les trous et coins de la forteresse, le poids de la charrette était trop lourd pour lui, et une profonde ornière apparaissait dans le sol après le passage de la charrette. Cela aurait pu échapper à l'œil de la sentinelle en faction à cet endroit, si la charrette n'avait pas passé exactement au même endroit lors de son voyage de retour, provoquant ainsi une dépression qui s'enfonça rapidement jusqu'à environ un pied de profondeur. La sentinelle ne manqua pas de l'apercevoir, et le fait fut rapporté au quartier-garde, dont l'enquête à coups de pioches et de pelles révéla bientôt la vérité, de sorte qu'une autre découverte fortuite fut ajoutée à la liste. Lorsque nous avons constaté qu'aucune tentative n'avait été faite pour vider les latrines depuis plus de deux ans, l'extraordinaire malchance est devenue cent fois plus exaspérante à supporter.

Fin mars, je fus soudainement appelé pour un entretien avec le général Peter, commandant du district militaire d'Ingolstadt. Il s'est adressé à moi très poliment, ce qui n'était pas son habitude, et m'a dit que, en raison de notre comportement exemplaire et de notre conduite courtoise , j'allais être transféré avec deux autres officiers britanniques dans le meilleur camp d'Allemagne. J'ai salué et je suis parti informer mes camarades dans ma cellule, où les rires m'ont envahi. Mon comportement exemplaire ! quand tout le monde dans la forteresse a su que j'avais été décrit par le commandant comme l'un des « personnages les plus dangereux » du camp. Bien entendu, mon esprit chercha aussitôt la raison qui avait poussé les Boches à décider de me renvoyer, et je ne tardai pas à la découvrir. J'ai immédiatement consulté mon ami français, et nous avons tous deux réfléchi ensemble et rendu visite au commandant, mais nous n'y avons trouvé aucune idée. Nous nous sommes ensuite rendus à ce qu'on appelle la *Krankenstube* (ou chambre de malade). Voyant beaucoup de nouveaux médicaments, j'ai demandé à l'infirmier à qui ils étaient destinés. Il m'a répondu que la Commission suisse nous rendrait visite dans quelques jours. Les raisons de mon transfert vers un autre camp, meilleur, furent immédiatement expliquées. De nombreuses demandes avaient été adressées de chez moi à la Commission suisse concernant mon cas et la raison pour laquelle je n'avais pas été envoyé en Suisse lors de la dernière visite de la commission. Les Boches , sachant cela, n'avaient pas l'intention que la commission me trouve encore détenu dans un enfer comme le Fort 9 d'Ingolstadt.

Le matin du 3 avril, ou deux jours après que le vieux général Peter m'avait dit que je devais être envoyé dans un joli camp parce que j'avais été un « bon garçon », l'ordre d'emballer mes biens et mes biens personnels vint du commandant. . Mes bagages étaient alors devenus très volumineux : mon propre lit à ressorts, ma chaise de camping pliante, une boîte de vivres, des ustensiles de cuisine, des couvertures, des vêtements, etc. trois heures, afin qu'il puisse subir le processus de recherche habituel. Dès que l'on apprit dans le camp que nous quittions Ingolstadt le lendemain et que nos bagages devaient être envoyés à la salle des paquets à trois heures du matin, je reçus des dizaines de demandes de la part des prisonniers toujours vigilants pour obtenir l'autorisation de quitter le camp. essayez de vous faufiler dans mes bagages. L'autorisation fut accordée aux deux premiers candidats, étudiants en français et en anglais, dont l'un occupait avec moi la cellule 42. Deux grands paniers à linge furent empruntés à des officiers russes et français. Dans ceux-ci, les deux évadés étaient poussés, avec des couvertures et des vêtements par-dessus eux, et un dispositif astucieux grâce auquel le cadenas pouvait être glissé de l'intérieur.

Les deux paniers, ainsi que mes cartons et ceux des deux autres officiers qui m'accompagnaient, furent portés par nous-mêmes à l'heure convenue jusqu'à la salle des paquets, où chaque officier ouvrait ses propres cartons devant le sous-officier boche examinateur , qui fit un recherche rapide de chaque case. Dans ce cas, les deux autres agents ont d'abord fait examiner leurs bagages ; puis vint mon tour. À ce moment-là, il était devenu un peu relâché, et lorsqu'il eut parcouru mes trois cartons, il l'était encore davantage. Les deux paniers furent laissés pour la fin. Celles-ci furent ouvertes à leur tour et je commençai à sortir les couvertures du dessus. D'un geste de la main, le sous-officier dit « Bien » et les paniers furent passés, comme cela avait été calculé. Après cela, le sous-officier appela quelques infirmiers français et donna l'ordre d'entasser nos bagages dans un coin à part. Malheureusement, ils ont placé l'un des paniers sur l'autre, ce qui a finalement mis fin à toute l'affaire.

Les bagages ayant été remis, la salle des paquets était fermée pour la nuit, et il semblait y avoir de très bonnes chances que les évadés réussissent au moins à sortir de la forteresse. A 17 heures, la garde habituelle était montée devant la porte de la salle des paquets, et tout se passa bien jusqu'à environ 19 heures, lorsque les rescapés des paniers essayèrent d'en sortir pour soulager les douleurs de crampes qui les avaient naturellement envahis. leur position confinée. Il n'y avait aucune raison pour qu'ils passent la nuit dans les paniers, puisque la salle des paquets ne serait ouverte que le lendemain à sept heures du matin. Même si une visite fortuite était faite dans la pièce, il y avait beaucoup de matériel derrière lequel se cacher parmi les débris de paquets et de balles qui recouvraient le sol. Dans cette optique, l'officier qui se trouvait dans la nacelle supérieure essaya de sortir avec le moins de bruit possible. Soulever le couvercle de l'intérieur était facile, comme nous l'avons expliqué plus haut, mais sortir sans bruit était une tout autre affaire, puisque tout mouvement dans le panier du dessus était enregistré par un fort craquement venant du panier du dessous, et avant que les deux officiers n'aient réussi à le faire. En se dégageant, les soupçons de la sentinelle à l'extérieur avaient été éveillés, une perquisition avait été instituée et le complot découvert.

De retour à ma place, je m'attendais maintenant à recevoir une notification du commandant m'informant que mon transfert vers un autre camp était annulé, du fait que j'avais aidé ces deux officiers à s'enfuir dans mes bagages ; mais aucun ordre de ce genre n'a été émis, ce qui m'a prouvé plus fortement que jamais que les autorités d'Ingolstadt étaient très désireuses de se débarrasser de moi pour une très bonne raison, que j'ai supposé être la visite attendue de la commission suisse. L'un des infirmiers français nous informa alors qu'un groupe d'officiers, rassemblés dans tous les autres camps de prisonniers d'Ingolstadt et des environs, serait envoyé le lendemain au camp de Crefeld . Cette information était venue au cours d'un pourparlers entre l'infirmier et un autre infirmier français, arrivé la veille à la forteresse en provenance d'un des camps en cours de démantèlement. Nous étions donc à peu près sûrs que notre destination serait également Crefeld , puisque nous partions tous le même jour ; aussi, si le vieux général Peter avait dit la vérité, ce devait être Crefeld , car il avait dit que c'était le meilleur camp d'Allemagne.

Cette nuit-là, nous reçumes l'ordre d'être prêts à partir le lendemain matin à cinq heures, et j'avais beaucoup à faire et certaines dispositions à prendre avec les amis que j'allais laisser derrière moi, au cas où je parviendrais à remplir mon contrat. s'échapper. Depuis plusieurs mois, j'étais fatigué d'Ingolstadt et de ses conditions épouvantables, mais maintenant que je devais effectivement repartir le lendemain, un certain sentiment de perte à venir et un sentiment d'extrême dépression m'envahissaient en quittant ces braves gens. Le camp était mauvais : rien ne pouvait être pire ; mais néanmoins l'idée m'est venue : « Mieux vaut supporter les maux que nous avons », etc. ; et Dieu seul savait ce que l'avenir me réservait. On s'attache extraordinairement à ceux de ses semblables avec lesquels on a traversé de grandes épreuves.

Cependant, assez de sentimentalisme. Certains de mes amis pariaient entre eux pour savoir si je réussirais ou non à m'enfuir, et je suis sûr que ceux qui ont perdu l'ont fait avec le plus grand plaisir. Le lendemain matin, à 4 heures 30, nous fûmes tous les trois convoqués par le commandant et effectuâmes la fouille habituelle, que nous réussissâmes tous de manière tout à fait satisfaisante. Tout de même, un petit ressort en tôle ondulée, un couteau, un bout de tournevis, un compas et une torche électrique ont échappé aux yeux vigilants des Boches : je ne propose pas de dire comment, car cela ne donne que de précieux renseignements à l'ennemi.

A 5h30 du matin, nous avons secoué la poussière de la forteresse de nos pieds. Comme expliqué précédemment, nous étions trois et nous avons dû marcher plus de huit kilomètres jusqu'à la gare. On nous avait ordonné d'emporter pour trois jours tout ce qui était nécessaire : nourriture, vêtements, etc., aussi les aimables Boches nous mirent à disposition deux aides-soignants pour porter nos bagages à main. Je suppose que j'aurais été à la fois surpris et reconnaissant d'avoir une quelconque aide, mais en réalité, il s'agissait seulement d'un demi-pain valant mieux que pas de pain, puisque deux aides-soignants ne pouvaient pas transporter la quantité de nos bagages à main ; nous avons donc fait une marche très chaude et fatigante, portant les bagages sur nos épaules, sans que nos gardes ne fassent aucun effort pour nous aider. Cependant, nous sommes finalement arrivés à la gare, en transpirant abondamment, même s'il faisait glacial à ce moment-là. À la gare, nous avons été surpris de voir un grand wagon chargé de bagages qui avaient l'air très anglais et qui se sont avérés appartenir à un groupe d'officiers que nous avons découverts à la gare. Si je me souviens bien, il y en avait environ vingt-cinq, répartis dans tous les camps d'Ingolstadt et des environs.

De nombreuses enquêtes furent faites lorsqu'ils apprirent que nous venions tout juste du fameux fort n° 9. Nous apprîmes par ces officiers que nous étions à destination d'un camp appelé Crefeld , tout près de la frontière hollandaise, et censé être le meilleur camp. en Allemagne. La satisfaction de se rapprocher si près de la frontière se manifestait sur de nombreux visages. Vers 7 heures du matin, notre train arriva et une voiture de deuxième classe nous fut attribuée par l'officier allemand en charge du groupe. Notre garde se composait de cet officier, qui était un lieutenant bavarois à grosse tête de balle, et d'environ neuf hommes, si je me souviens bien, tous entièrement armés et évidemment avertis de garder les yeux écorchés. L' officier boche nous a numérotés et a affecté autant d'officiers à chaque compartiment, ainsi qu'un garde à chaque groupe. Lorsqu'il est venu vers nous, il a dit : « Oh oui, Fort 9 ; vous serez seuls dans un compartiment», et il a ordonné à trois gardes de nous surveiller. Cela n'était pas du tout satisfaisant et paraissait très mauvais pour notre entreprise. Cependant, il n'y avait aucun moyen de l'éviter, et la seule chose à faire était d'accepter la situation avec la meilleure grâce possible et de faire confiance à notre cerveau pour déjouer les trois gardes.

Vers 7 h 30, le train partit, ce à quoi je poussai un soupir de soulagement, sentant que le Fort 9 au moins était derrière moi, et devant d'énormes possibilités d'évasion. Pour la première fois depuis deux ans et demi, j'étais à peu près en forme ; J'étais dans un train qui se dirigeait vers la frontière nord de l'Allemagne ; chaque kilomètre me rapprochait de chez moi, et j'avais la délicieuse sensation que le gouvernement allemand était sur le point de devoir payer au moins une bonne partie de mon chemin vers chez moi, voyageant confortablement dans un compartiment ferroviaire de deuxième classe. J'étais fermement convaincu que j'allais réussir à m'échapper du train, même si les circonstances de notre disposition parmi les gardes ne semblaient pas pour le moment très encourageantes ; mais il y avait comme quelque chose dans l'air, des frissons excités parcouraient ma colonne vertébrale.

Réaliser notre projet de gagner les bonnes grâces de nos gardes était une question d'importance immédiate, car nous ne pouvions jamais prédire dans combien de temps notre chance pourrait se présenter. Nous avons donc commencé par engager avec eux une conversation amicale, qui s'est déroulée à l'aide de signes et de quelques mots en français et en allemand approximatifs, seulement très peu de mots allemands étant utilisés, afin de ne pas éveiller de soupçons que nous puissions comprendre. leur conversation. De cette manière, nous apprîmes un ou deux petits points intéressants : premièrement, que nous n'étions pas censés arriver à destination avant le lendemain soir, et aussi que le camp vers lequel nous devions nous rendre était bien Crefeld .

Vers huit heures, le ballon commençait sérieusement à rouler, quand l'un des gardes dit soudain : « Der Kriegs pas d'intestin. Nous étions d'accord sur le fait que la guerre était un enfer et que nous voulions retrouver nos familles en paix et avec beaucoup à manger, car il y avait du « viel ». essen » en Angleterre ; ce à quoi ils répondirent : « Kein essen en Allemagne », et nous avons répondu que le prisonnier de guerre ressentait plus le besoin de nourriture en Allemagne que les soldats allemands, mais que nous en recevions beaucoup de chez nous, donc nous nous en sommes très bien sortis, sur quoi j'ai ouvert ma valise et présentait aux yeux avides des Huns tout un tas de viandes en conserve de toutes sortes. Ce fut une belle occasion de consolider notre amitié, alors nous commençâmes à préparer un bon petit déjeuner de langue et de poulet, auquel nous parvînmes à les convaincre de se joindre à nous ; ils nous offrirent une part de café chaud tiré de leurs bouteilles d'eau, et nous nous y installâmes tous assez bien. Hélas! avec quelle douleur j'ai vu ma nourriture limitée glisser dans la gorge des Huns ; mais c'était notre meilleure politique, et je dois dire que la suite des événements nous a justifiés à leur offrir un repas décent. Deux des gardes étaient maintenant suffisamment à l'aise pour s'abandonner au confort, détachant leur ceinture et plaçant leurs fusils sur les râteliers ; le troisième, cependant, gardait son fusil à portée de main, mais je ne pense pas que cela puisse être nécessaire. Après le petit-déjeuner, nous avons tous fait une petite sieste – du moins nous avons fait semblant de le faire. Deux des Boches sont certainement descendus pour un petit moment.

Vers midi, nous sommes arrivés à une gare, où les voitures étaient manœuvrées, pendant lesquelles nous avons été autorisés à nous dégourdir les jambes sur le quai et à prendre du café chaud dans une stalle, ce qui n'était pas trop mal. Pendant que nous troquions le café, un train s'arrêta sur un autre quai, apportant une quantité de journaux de la journée, sur lesquels il semblait y avoir un brouhaha général ; quelques-uns furent amenés sur notre plateforme, et nous essayâmes d'en attraper un subrepticement, sans succès, mais pas avant que les gros titres du journal aient été lus par un ou deux d'entre nous. La nouvelle provoqua autant d'émoi chez nous que chez les Boches , n'étant rien de moins que la déclaration officielle de guerre des États-Unis. En temps ordinaire, cela nous aurait donné un sujet de conversation pendant des mois, mais pour le moment nous avions d'autres chats à fouetter, et nous avons vite oublié tout cela ; en même temps, nous nous sentions tous excessivement exaltés par l'aspect abattu et morose des civils boches à la gare.

CHAPITRE XI

NOUS SAUTONS DU TRAIN

REVENONS à nos propres affaires. Lorsque le train repartit, nous décidâmes qu'il fallait tout savoir sur les wagons dans lesquels nous nous trouvions actuellement. Pour ce faire, il faudrait visiter les autres compartiments, sans bien sûr éveiller les soupçons des passagers. n'importe lequel des gardes. J'entamai donc de nouveau la conversation avec l'un d'eux et lui demandai combien de prisonniers il y avait dans le train, s'ils allaient tous au même camp, s'ils venaient d'être faits prisonniers ou s'ils étaient âgés, de quels camps venaient-ils. venez, etc. J'ai alors laissé entendre que je pensais que j'allais me promener et leur parler ; peut-être que certains appartenaient à mon propre régiment. Cela ne semblait pas le déranger du tout, et d'ailleurs il n'y avait aucune raison pour que cela le fasse, étant donné que la voiture était composée de six compartiments, qui avaient été cloisonnés par une passerelle qui descendait sur un côté. Parfois, on en croise dans ce pays, et en se levant et en regardant par-dessus le siège, on peut voir dans le compartiment suivant. En conséquence, je me dirigeai vers le compartiment suivant, m'assis avec les camarades et entrai bientôt dans une conversation animée. J'ai cependant remarqué qu'un des gardes m'avait suivi et se tenait debout dans l'allée. Après environ une demi-heure, il en a eu assez et est retourné à sa place, et quelques minutes plus tard, je suis également retourné à ma propre place. Cela parut le mettre tout à fait à l'aise, et le soir venu, j'avais visité tous les compartiments et constaté, à ma grande joie, que celui de l'arrière contenait quatre officiers sans aucune garde.

Il fallait maintenant connaître la disposition des officiers boches et du reste de la garde, ce que nous ne découvrîmes que vers 10 heures 30 du soir, lorsque nous arrivâmes dans une ville pour passer la nuit. Je ne connais pas le nom de l'endroit, car je ne voyais aucun nom écrit nulle part, car il y avait très peu de lumières sur la gare et il faisait nuit noire. En descendant, nous avons été rassemblés dans une sorte d'abri de la Croix-Rouge sur le quai, où nous avons attendu environ trois quarts d'heure, après quoi nous avons été formés par quatre et avons marché une distance d'environ un mille et demi à travers la ville pour arriver à destination. un grand bâtiment, de toute évidence une sorte d'établissement d'enseignement temporairement transformé en hôpital d'accueil. Ici, nous fûmes introduits dans une grande salle, utilisée sans doute avant la guerre comme gymnase, et maintenant pleine de lits de camp pliables. Là-dessus, on nous informa que nous devions dormir jusqu'à quatre heures du matin le lendemain, après quoi nous devions repartir. Ces lits paraissaient très attrayants à un grand nombre d'entre nous, et personnellement, j'ai profité pleinement de celui qui m'était attribué, car j'étais sûr qu'il me faudrait bien des journées bien remplies avant d'avoir la chance de pouvoir me reposer à nouveau... si jamais j'en avais à nouveau besoin dans cette vie. La nuit se passa sans incident et nous fûmes bien gardés.

Le lendemain matin, à 4 h 30, nous sommes repartis et sommes arrivés à la gare vers 5 heures du matin. Ici, nous avons été de nouveau conduits à la station de repos de la Croix-Rouge où nous nous trouvions la nuit précédente. Du café chaud, du pain et un morceau de boudin nous furent servis moyennant prix ; mais pour ma part, j'étais très reconnaissant, car c'était le dernier repas que je devais prendre pendant cinq jours, même si bien sûr je ne le savais pas à ce moment-là.

A six heures, nous reprenâmes le train, et je constatai avec satisfaction que nous devions prendre la même voiture que celle de la veille. Malheureusement, c'était désormais le train de tête, car quiconque tentait de descendre de notre wagon devait inévitablement être vu par toute personne regardant à l'arrière. J'ai particulièrement noté où se trouvait notre officier conducteur et j'ai découvert que lui et le garde que j'avais manqué la nuit précédente se trouvaient dans la voiture voisine de la nôtre. Comme dans les « Pullmans » anglais, on pouvait passer d'une voiture à l'autre sur toute la longueur du train, et je suppose qu'il sentait qu'il nous avait suffisamment sous les yeux dès la voiture suivante.

En prenant notre place dans notre voiture, nous fûmes ravis de constater que le compartiment avant, qui était la veille celui de l'arrière, était de nouveau sans garde. Rien de particulier ne s'est produit jusqu'à l'aube, lorsque nous avons traversé le Rhin à Francfort, et vers 10 heures du matin, nous nous sommes arrêtés à une gare routière et avons été de nouveau autorisés à descendre et à nous dégourdir les jambes. Cette fois, il n'y avait rien à trouver à manger ni à boire, et il faisait très froid ; alors moi et mes deux compagnons, trouvant une petite salle d'attente, sommes entrés et avons fermé la porte - pour nous réchauffer, bien sûr ! Après environ dix minutes, le coup de sifflet a été donné au train pour démarrer, mais notre officier de conduite avait découvert qu'il n'avait pas reçu tout son effectif de prisonniers, et par le bruit qu'il faisait en criant à ses hommes, il semblait assez excité par cela. Au cours d'une recherche sauvage et mouvementée, nous avons été découverts innocemment sans rien faire ; et même si nous avons reçu des injures assez sévères, il ne fait aucun doute que cela a contribué à dissiper de leur part tout soupçon quant à la possibilité que nous soyons des évadés, à tel point que lorsque le train a effectivement démarré, l'un des trois gardes a été retiré de notre compartiment après une consultation à voix basse avec l' officier boche , et alla rejoindre son camarade dans le compartiment des officiers. Cela nous a laissé deux dans notre compartiment et les choses ont commencé à s'améliorer pour nous. À partir de là, rien de particulier ne se produisit jusqu'à midi, sauf que j'avais exactement l'impression que j'allais m'asseoir dans un fauteuil de dentiste et que l'horloge semblait arrêtée, bien que le train avançait maintenant beaucoup. plus vite qu'il ne l'avait fait jusqu'à présent.

Vers une heure, nous nous arrêtâmes à une gare, où nous nous débarrassâmes d'un autre de nos gardes, qui, découvrant tout à coup que son copain qui avait rejoint l'autre garde avait emporté sa bouffe avec lui, partit à sa recherche - et , à notre grande joie, il n'est pas revenu. Il ne nous restait plus qu'un seul garde dans notre compartiment et quatre autres dans le compartiment devant nous. Après que nous soyons descendus, le train a pris de la vitesse et nos espoirs ont recommencé à descendre. Si le train continuait ainsi jusqu'au bout du voyage, il serait hors de question de sauter. C'était immédiatement après que la sentinelle ait été déplacée, et nous nous sommes retrouvés avec une seule sentinelle dans notre compartiment.

Nous nous sommes regardés et avons dit à l'unanimité : « Eh bien, qu'en est-il ? En supposant que nous parvenions à nous échapper, nous devons pouvoir voyager le plus rapidement possible vers la partie de la frontière hollandaise que nous croyons être le meilleur endroit pour une tentative et qui, en raison de sa situation au milieu des marécages, serait probablement être moins soigneusement gardé. Notre progression à travers l'Allemagne allait être très sérieusement gênée par le fait que nous n'avions pas de carte de la frontière réelle et seulement en possession d'un petit morceau de carte d'environ trois pouces carrés, montrant le système ferroviaire sur lequel nous circulions réellement. , ce qui n'était même pas exact d'après une grande carte en étain montrant le réseau ferroviaire allemand du nord-ouest, clouée sur la paroi du compartiment.

Nous nous efforçâmes donc d'apprendre par cœur cette carte, dans la mesure où elle était susceptible d'influer sur notre itinéraire possible, et afin d'avoir une idée précise de notre position exacte sur les voies ferrées, le moment venu de l'essayer. Cela a été fait, bien sûr, en notant soigneusement les gares une par une au fur et à mesure que nous les croisions dans le train et en nous référant à la carte.

Personnellement, cette carte semblait avoir gravé son équivalent dans mon cerveau, en particulier les branches qui menaient vers l'ouest et passaient au-dessus de nombreuses petites rivières et finalement au-dessus d'une chaîne de lacs, quel endroit serait finalement notre objectif. Nous avons ensuite esquissé un plan approximatif de la manière dont cette tentative devait aboutir. Mon projet ayant été accepté par les deux autres, il fut décidé que j'aurais le droit d'essayer le premier, les deux autres tirant à pile ou face pour le droit de la deuxième place. Ceci étant décidé, un autre facteur important devait être discuté, le problème étant que, premièrement, il y avait une vingtaine d'autres officiers britanniques dans les compartiments derrière nous. Le dernier de ces compartiments était sans garde et était donc le meilleur pour s'échapper. Deuxièmement, il se peut que certains de ces officiers dans d'autres compartiments aient l'intention de saisir cette opportunité, le cas échéant. S'ils le faisaient à notre insu, cela ruinerait notre chance ; et, d'un autre côté, si nous essayions de nous échapper à leur insu, nous gâcherions également leur chance. Comme nous étions tous des officiers britanniques ensemble, nous avons décidé de le faire savoir à ceux qui avaient l'air ou se comportaient comme s'ils cherchaient une occasion de descendre du train.

En conséquence, je quittai notre compartiment et entra tour à tour en conversation avec les officiers de tous les autres compartiments, mais je ne vis aucun signe de préparatifs jusqu'à ce que j'atteigne les deux derniers compartiments, où je trouvai des signes d'excitation réprimée. La sentinelle de mon propre compartiment ne semblait pas gênée que je rende visite aux autres où, comme il le savait, je me trouvais sous l'œil de la sentinelle responsable de chaque compartiment. Le fait qu'il n'y ait pas de sentinelle dans le dernier lui avait évidemment échappé. J'ai découvert six autres officiers qui parlaient de faire une tentative, et j'ai discuté de mes projets avec le supérieur et deux autres d'entre eux, après quoi je suis retourné dans mon propre compartiment et avec mes compagnons.

Je me suis ensuite rendu aux toilettes, où j'ai été suivi par la sentinelle, qui s'est postée dehors, abaissant la fenêtre du côté des toilettes du train et se penchant. C'était pour que je ne puisse pas sortir par la fenêtre des toilettes à son insu. Dans les toilettes, j'ai d'abord coupé le cordon de communication ; puis, prenant un ressort galvanisé que j'avais caché dans le talon de ma botte, j'attachai l'extrémité arrière cassée de cette corde à l'un des passe-fils du cordon de communication , afin qu'on puisse la tirer dans le couloir derrière moi, et revient à sa place sans transmettre le signal plus haut dans le train. Ceci fait, j'ôtai mon sac à dos, fait de toile de jute, d'entre la doublure de mon trench-coat, et j'y mis les restes de ma nourriture apportée pendant le voyage. J'ai alors mis le sac à dos sur mon dos, et, sortant des toilettes, j'ai manoeuvré pour que la sentinelle marche devant moi en regagnant le compartiment, afin qu'elle ne voie pas que j'avais grandi. à bosse. Une fois assis, j'étudiai de nouveau le plan des chemins de fer dans notre compartiment, jusqu'à ce que je sente que j'avais par cœur les indications générales des chemins de fer qui seraient susceptibles de nous aider en route.

La prochaine étape consistait à ouvrir la porte de la voiture dans le compartiment arrière. Avant de quitter notre extrémité du train, nous décidâmes que, comme signal de départ, je laisserais tomber mon mouchoir par la fenêtre du côté gauche du train, car la tentative devait, si possible, se faire par la droite. d'abord, parce que le côté droit contenait le passage du couloir, et, deuxièmement, la sentinelle ne pouvait pas nous tirer dessus depuis un train en mouvement du côté droit, à moins qu'il ne s'agisse de tirs de la main gauche, risque que nous devions cependant prendre. les chances étaient très en notre faveur . De nouveau, je rendis visite à nos amis dans les compartiments arrière et les informai que, dès que le crépuscule tomberait, nous tenterions le coup, plus tôt, si le train ralentissait suffisamment pour nous donner la moindre opportunité possible.

Nous traversions alors la campagne densément boisée près de Bonn, et la vue était tout à fait délicieuse. La lumière a commencé à faiblir rapidement et mes nerfs étaient mis à rude épreuve. Entrant en communication avec la sentinelle de la voiture suivante, je commençai à m'étendre sur les beautés du paysage, en lui posant telle ou telle question, dont il était très ravi. En fait, nous nous entendions si bien qu'avant la fin de plusieurs minutes, j'avais la fenêtre baissée et je me penchais à moitié sur mon côté droit. Pendant que nous louions unanimement un petit détail spécial, ma main droite descendit presque jusqu'à toute la longueur de mon bras devant la fenêtre et souleva le loquet extérieur, après quoi je perdis tout intérêt pour la vue, et la sentinelle retourna dans son compartiment. , pendant que j'allais vers celui de l'arrière. Jusqu'à présent, le train roulait à une vitesse d'environ cinquante milles à l'heure, ce qui ne nous laissait aucune chance, étant donné que nous devions sauter sur des rails métalliques et des traverses remplies de granit cassé.

Vers sept heures, nous sommes tombés sur une petite gare et avons pensé que notre chance se présenterait alors que nous nous retirons avant que le train ait pu prendre de la vitesse ; mais au moment où nous nous retirions, en arrivant à un passage à niveau, nous trouvâmes une compagnie de soldats boches rangés des deux côtés de la ligne, et l'occasion fut laissée pour compte. C'est à ce moment que nous découvrîmes qu'un étrange Boche était entré dans le compartiment. Il s'est avéré qu'il s'agissait d'un fonctionnaire des chemins de fer venu allumer la lumière. Il n'est resté avec nous que quelques minutes. Pour nous, cela nous a semblé une éternité. N'irait-il jamais ! Finalement, il monta plus haut dans le train et nous commençâmes à nous diriger vers une autre petite ville ; mais le train s'est arrêté devant un autre passage à niveau, avec une foule de civils boches des deux côtés.

Après environ une minute, le train repartit et prit de la vitesse avec une grande rapidité. Nous pouvions voir les lumières d'une grande ville à environ un kilomètre devant nous. C'était peut-être notre destination, mais nous ne le savions pas. J'ai informé mes confédérés qu'à mon avis, c'était maintenant ou jamais. L'impossibilité de sauter à ce moment-là semblait profondément impressionné tout le monde sauf moi-même. Cependant, j'ai laissé tomber le mouchoir et, passant de l'autre côté, j'ai tourné la poignée et j'ai sauté. En me relevant, j'ai sprinté dans la direction opposée à celle dans laquelle circulait le train, en restant au centre de la voie. Il était impossible de quitter la ligne ici, car les deux côtés étaient bordés de maisons ; alors je me précipitai, espérant une brèche dans les maisons vers la campagne. En passant le passage à niveau, j'ai remarqué que les barrières commençaient à se lever et que la foule de civils se préparait à passer. J'entendis un cri derrière moi et le crépitement des pas qui couraient, et je crus qu'une foule me suivait, ce à quoi je redoublai d'efforts, mais je compris bientôt que mon long emprisonnement m'avait pesé et que je ne pouvais pas aller beaucoup plus loin.

Puis je me suis rendu compte que je pourrais mieux courir sans mon trench-coat. Des visions surgirent de la longue randonnée humide devant moi, et des possibilités de rhumatisme articulaire aigu sans cela ; mais ma respiration était rapide, donc il n'y avait pas d'alternative. En conséquence, tandis que je courais, je jetai loin de moi le précieux manteau. À ce moment-là, j'avais presque fini, et le poids du sac à dos contenant ma nourriture pour le voyage me faisait mal aux épaules, de sorte que je le jetai également. Encore cinquante mètres et la fin de la ville était en vue, mais avant cela j'aperçus une brèche dans les maisons vers laquelle je me dirigeais. Cela n'a conduit qu'à une impasse. La seule alternative était de traverser une clôture pour entrer dans un jardin, puis une autre et encore une autre, à travers un grillage et dans un potager. En quelques minutes, je fus rejoint par trois autres , que, à ma grande joie, je découvris comme étant trois de mes compagnons du compartiment arrière. Ici nous nous reposâmes et je sortis ma boussole cachée pour prendre des repères. Ceci fait, au bout d'un quart d'heure environ nous nous préparâmes à partir.

Nous avons d'abord couru vers une grande maison et un jardin entourés de barbelés, dans lesquels nous nous sommes frayés un chemin, pour nous retrouver temporairement coincés, car nous ne trouvions aucune issue sur la route de l'autre côté, de sorte que nous avons dû reculons par le chemin où nous étions venus faire un détour autour de la maison, pour nous retrouver face à une route principale, avec de temps à autre des piétons qui la parcouraient. La lune commençait alors à se lever, ce qui nous permettait de voir à une bonne distance devant nous, mais augmentait en même temps le danger d'être observé. Heureusement, elle se dirigea providentiellement derrière d'épais nuages duveteux. Pensant que la route devant nous constituait un obstacle trop dangereux à franchir à ce stade, nous avons fait un détour d'environ un demi-mille, et avons de nouveau pris des relèvements au compas, relevés que nous prenions périodiquement, quand je me suis soudain rendu compte que nous voyageions directement vers le lune, et donc presque au sud, du moins au sud-ouest, ce qui n'était pas du tout notre objet. Nous relevâmes encore une fois avec la boussole, ce qui parut me prouver le contraire ; mais je refusais obstinément de me croire en erreur, ce qui provoqua des ennuis entre moi et les officiers supérieurs de notre expédition.

Prendre un cap correctement et correctement était un exploit assez difficile. Cela consistait à s'allonger par terre recouvert du manteau d'autrui, afin d'allumer une allumette en toute sécurité sans attirer l'attention, sans quoi il nous serait impossible de régler la boussole avec suffisamment de précision. En retirant le verre de la boussole, on a découvert que le roulement en agate était fissuré, ce qui faisait osciller et coller la boussole. Cela a dû se produire lors de mon saut du train. Je n'ai pas d'abord fait part de cette information à mes camarades, pensant qu'elle pourrait provoquer une trop grande consternation ; car il faut se rappeler qu'ils m'étaient tous étrangers quelques heures auparavant, et que je n'étais donc pas sûr du type et du calibre des hommes avec lesquels j'avais affaire.

Nous avons continué pendant quelques centaines de mètres, quand, au grand dégoût des autres, j'ai décidé de nouveau de prendre un relèvement, sur lequel j'ai passé beaucoup de temps, en plaçant soigneusement la pointe du compas vers le bord du relèvement en agate, et lui permettant de basculer doucement jusqu'à l'arrêt. Bien que l'aiguille ne soit pas équilibrée au centre , elle l'était suffisamment pour lui permettre de osciller librement ; puis, suivant soigneusement la direction exacte de l'ouest, en conjonction avec la lune montante, l'étoile polaire et Cassiopée, je fixai une route directe, à partir de laquelle, à l'exception de légères déviations destinées à éviter les obstacles dangereux rencontrés sur la route, notre route, nous n'avons jamais fait d'écart avant d'avoir traversé la frontière néerlandaise. C'était un dur travail de gagner du temps à marche forcée, car il fallait surveiller le sol pour éviter les pièges pour les pieds et le ciel pour se diriger.

Peu après avoir pris le dernier cap, nous avons traversé une autre ligne de chemin de fer électrique et une gare brillamment éclairée, et ici il a semblé à notre imagination excitée que les gens à l'intérieur des wagons brillamment éclairés garés à l'une des gares étaient intéressés ou excités par quelque chose. . Tous les occupants avaient le nez collé à la vitre, regardant n'importe quoi, tandis que les puissantes lampes frontales balayaient la campagne, éclairant souvent nos formes prostrées comme s'il faisait jour. D'innombrables voitures semblaient aller et venir, et nous n'osions pas bouger dans de telles conditions. Bientôt, cependant, à notre grand soulagement, les trains ont ralenti et nous avons pu avancer régulièrement. Il a commencé à geler très fort, les nuages ont disparu et la lune est devenue intensément brillante, ce qui bien sûr nous a énormément aidés ; mais nous ne pouvions pas le voir alors, car nos nerfs étaient trop à vif. Personnellement, j'avais l'impression d'être nue et le monde entier me regardait en retenant son souffle. La forte gelée nous a également aidés, car nous nous tenions entièrement à la campagne, principalement sur des champs labourés, et au lieu de l'avance lente habituelle qu'on fait sur la charrue, nous avons marché dessus comme sur un trottoir, de sorte que nous avons fait d'excellents progrès. En même temps, la prudence guidait chacun de nos mouvements. Jamais nous ne traversions une route sans la repérer au préalable, ni ne rencontrions une ferme ou même un hangar sans en faire un grand détour. Ce que nous craignions plus que toute autre chose, c'était qu'un chien se mette à aboyer et incite son propriétaire à sortir pour en voir la raison.

Quand je repense à ce premier périple, j'arrive à la conclusion que la chance nous a été favorable pour une fois. Je ne pense pas que nous ayons jamais fait de faux pas, ce qui était effectivement une chance. Nous avons marché dur jusqu'à environ 3 heures du matin, puis nous nous sommes retrouvés à l'approche d'une route principale, avec ce qui semblait être deux grands villages situés à moins d'un demi-mile l'un de l'autre. Un éclaireur s'est avancé pour enquêter, mais est revenu effrayé et excité. Les lumières mobiles sont apparues d'abord ici et là ; parfois des éclairs rouges allaient et venaient. Nous avons immédiatement décidé que nous avions été encerclés, mais en y regardant de plus près, nous avons découvert que les feux appartenaient à une voie ferrée à voie unique, qui circulait en demi-cercle autour de nous. En traversant la voie ferrée et la voie ferrée au-delà, nous avons commencé à réaliser pour la première fois que l'aube approchait rapidement. Des lumières ont commencé à s'allumer dans le grand village sur notre gauche, de sorte que nous avons été immédiatement obligés de chercher un endroit où nous pourrions nous cacher en toute sécurité pendant la journée à venir. Cela ne s'est pas révélé facile et, avant que nous soyons finalement installés, il faisait presque grand jour.

CHAPITRE XII

LES ÉVASIONS DE NUIT ET DE JOUR

MALHEUREUSEMENT, n'étant pas d'esprit littéraire, je ne suis pas en mesure d'écrire un récit passionnant de notre voyage aventureux à travers l'Allemagne. En même temps, là où dans ma description je fais une déclaration telle que « Nous avons maintenant traversé le pays sans interruption pendant quatre heures », le lecteur ne doit pas imaginer que nous nous sommes précipités sans rencontrer de difficultés, car le chemin était toujours semé d'embûches. avec une sorte d'obstacle ou autre. Inutile de dire que nous nous sommes fait de nombreuses frayeurs inutiles ; mais dans notre état de tension extrême, avec tous nos sens en activité dans une chaleur fébrile, cela n'avait rien d'étonnant.

Le clair de lune incertain jouait des tours à notre imagination, tout prenant des proportions gigantesques. Toutes les forces de la nature semblaient se déployer contre nous et marcher main dans la main avec l'ennemi. Si un léger vent faisait bruisser les feuilles d'un arbre solitaire derrière nous, nous avions l'impression d'être découverts et suivis, et devions continuer, pour ensuite retomber sur le ventre après quelques centaines de mètres, car il y avait quelque chose qui se tenait devant et attendait. pour nous, inévitable, sinistre et silencieux. "Regarder! il a déménagé ; c'est une sentinelle ! Avez-vous remarqué la lumière qui brillait sur sa baïonnette ? et ainsi nous nous éloignions à droite et à gauche, pour découvrir que notre sinistre sentinelle était un grand poste marquant une frontière, et l'éclat apparent de la baïonnette avait probablement été causé par les rayons de la lune surgissant soudainement de derrière un nuage et frappant une de ses faces peintes en blanc.

Revenons aux faits. L'endroit où nous étions obligés de nous cacher, faute d'un meilleur endroit, était à la lisière d'un petit bois, composé d'un certain nombre d'arbres vieux et pourris, avec un tapis très épais de feuilles pourries qui, étant gelées, faisaient sous nos pieds le crépitement le plus infernal, tandis que nous cherchions de long en large le meilleur endroit pour nous cacher. En hiver, il n'y avait pas assez de feuillage pour nous permettre de nous cacher dans les arbres en toute sécurité. Après avoir exploré le bois en vain, nous avons finalement dû nous installer dans un drain naturel qui longe la lisière du bois. Cela nous offrait très peu de couverture ; quelques mûres et petites branches furent hâtivement arrachées et tirées sur nous. En levant la tête un peu au-dessus de l'égout, on pouvait avoir une vue sur la campagne environnante, et la voie ferrée et la route principale reliant les deux petites villes que nous avions traversées tôt le matin étaient bien en vue.

Après un examen attentif de notre position, je suis arrivé à la conclusion que nous avions réussi à trouver presque l'endroit identique que j'avais prévu comme étant le plus souhaitable pour terminer notre première randonnée, comme indiqué sur la carte de notre wagon, à la fois en raison de sa position par rapport à un réseau de petits chemins de fer dont nous devons dépendre pour nous diriger, et du fait qu'il se trouvait presque sur une ligne directe, si l'on prenait le chemin le plus court jusqu'à la frontière ; de sorte que, à l'exception du fait que nous n'avions pas assez de couverture pour notre sécurité, nous n'avions pas si mal réussi, et avions en réalité fait de très bons progrès depuis notre point de départ la nuit précédente, et, ce qui était plus important que toute autre chose, J'étais assez certain de notre situation exacte.

Le lendemain soir, à l'approche du crépuscule, il serait nécessaire, selon mon plan convenu, de nous diriger plein nord sur une distance d'environ dix milles, afin de trouver deux chemins de fer légers allant vers l'ouest, reliant deux petites rivières et le Grand Canal germano-néerlandais. Canal, et avons également traversé le terrain marécageux dangereux à travers lequel se trouvait notre route. Si nous trouvions l'un ou l'autre de ces chemins de fer, nous connaîtrions à nouveau notre position et, en nous tenant le plus possible aux voies ferrées, nous progresserions mieux, avec la possibilité de pouvoir utiliser les ponts s'ils n'étaient pas surveillés.

Le lecteur se demandera sans doute pourquoi j'ai proposé d'emprunter une route si difficile et si dangereuse, traversant le centre des marais. Mes raisons étaient triples. D'abord parce que j'étais fermement convaincu que les Boches feraient tellement confiance à l'obstacle naturel que présentaient les marais que toute sorte de garde paraîtrait superflue. Deuxièmement, le pays que nous essayions de traverser est la région la plus peuplée d'Allemagne. En nous dirigeant vers les marécages, nous devrions donc presque entièrement éviter les chances d'être vus par les piétons. Troisièmement, parce que c'était le chemin le plus court qui, dans la situation où nous nous trouvions sans nourriture ni vêtements chauds nécessaires, deviendrait un facteur de première importance avant que de nombreuses heures ne se soient écoulées.

Revenons aux petites heures du matin après notre première randonnée nocturne, alors que nous étions à moitié cachés dans le drain bordant le petit bois décrit plus haut. Mon premier sentiment fut celui d'un intense soulagement à l'idée d'une journée de repos devant moi, car tout mon corps me faisait mal après cet exercice inhabituel. J'ai essayé de me calmer pour m'endormir, mais l'excitation naturelle de l'esprit provoquée par les événements des dernières vingt-quatre heures s'est avérée très difficile, et il m'a fallu un certain temps avant de finalement sombrer dans un sommeil troublé, pour ensuite me réveiller. debout en moins d'une heure, souffrant de crampes et raide par le froid. Pour aggraver les choses, le sol sous moi avait dégelé avec la chaleur de mon corps, et j'étais maintenant entièrement mouillé d'un côté. Si seulement nous avions pu avoir un bon repas chaud pour nous calmer, les choses auraient pris un autre aspect. Le bruit de voix occasionnelles qui nous arrivaient par le vent depuis la grande route mentionnée ci-dessus nous tenait continuellement attentifs à notre danger ; mais la première véritable inquiétude fut provoquée par un vieux bûcheron qui rendit visite à notre petit bois, apparemment à la recherche d'un morceau de vieux bois, et bientôt il s'installa pour travailler à moins de soixante mètres de nous. Le coup de hache habituel nous a dit qu'il n'avait en tout cas rien découvert de suspect ; mais bien sûr, toute perspective de sommeil ultérieur s'évanouit jusqu'à son départ à midi avec une brouette pleine de bois.

À peu près à cette époque, pour ma part, j'ai commencé à avoir une faim vorace et j'ai immédiatement préparé un repas avec un précieux morceau de chocolat. Une barre de six penny de chocolat Cadbury ne va pas très loin après une longue marche, mais comme je n'avais rien d'autre à faire. Ne laissez pas le lecteur imaginer que j'ai mangé tout ça avec gourmandise. Oh non! J'en ai pris environ les trois quarts, ce qui était suffisant pour la journée, mais en même temps je pensais avec envie à mon sac à dos improvisé et aux bonnes choses qu'il contenait, soit allongé sur la ligne ferroviaire Bonn-Düsseldorf, soit exaltant l'esprit gourmand. d'un boche bestial .

Après le départ du vieux bûcheron, la journée s'est déroulée assez tranquillement jusqu'à environ 15 heures, lorsque l'aboiement d'un chien dans notre voisinage immédiat « nous a mis le moral », comme on dit. Soudain, le silence du bois fut brutalement brisé par le bruit d'un coup de feu, et nous pouvions entendre distinctement la chute d'un oiseau alors qu'il s'écrasait à travers les arbres avec un bruit sourd sur le sol, suivi des jappements du chien alors qu'il courait sa proie. vers le bas. Le chasseur parcourut alors tout le bois, tapotant les arbres, visiblement en quête de plus de sport, et ce faisant il passa à moins de dix mètres de nous. Pendant tout ce temps, nous restions allongés, le corps pressé contre le sol, dans une parfaite agonie de doute. Quant à moi, il semblait impossible que le chasseur ne puisse pas entendre les battements sauvages de mon cœur ; mais le danger était passé, et de nouveau le silence régnait dans le petit bois.

Nous n'allons pas rester en paix longtemps. Le vieux bûcheron revint, et cette fois il se plaça un peu plus près qu'auparavant, et coupa dur jusqu'au crépuscule, quand enfin il repartit avec sa vieille brouette. Si l'on analyse soigneusement ses sentiments et ses sensations dans des moments d'excitation comme ceux-ci, à quelles extraordinaires vicissitudes l'imagination nous conduit-elle ? Par exemple, dans l'espace de temps presque infinitésimal entre le coup de fusil du chasseur et le bruit de sa proie tombant sur terre, j'ai vécu toute une vie. Nous avions été vus ; nous étions encerclés ; des hommes armés avaient été envoyés pour nous prendre ; nous serions ramenés en triomphe à l'enfer qui attend les prisonniers ; et puis le bruit de la proie tombant à travers les arbres, la prise de conscience rapide que l'ennemi n'est que du gibier et non vous, le soulagement sauvage et la demande corporelle d'une goutte d'eau-de-vie ou de quelque chose pour se ressaisir, qui s'ensuit après tout un grand tension mentale.

Vers le crépuscule, nous nous glissâmes hors de notre ancienne canalisation pour nous réfugier à l'abri du bois, raides de crampes et de froid, mais avec le sentiment glorieux que jusqu'à présent nous étions en sécurité, que nous étions déjà à vingt-cinq milles plus près de chez nous et qu'une autre nuit de Une action rapide s'offrait à nous, au terme de laquelle nous serions, s'il vous plaît à Dieu, encore plus proches. À 7 heures, nous avons recommencé la randonnée. Il ne nous arriva que peu de choses au début de la soirée et, à 9 heures 30, nous avions parcouru une bonne dizaine de milles et nous mettions à la recherche du chemin de fer que nous recherchions. Nos progrès devinrent alors très lents ; d'épais nuages blancs obscurcissaient la face de la lune ; un dégel rapide s'était produit et notre chemin était barré par une série de ruisseaux profonds qui traversaient un vieux bois pourri s'étendant sur plusieurs kilomètres de chaque côté de nous. Ici, nous perdîmes très vite toute idée de direction et décidâmes de revenir sur nos pas du mieux que nous pouvions et de frapper encore plus au nord.

Par chance, nous arrivâmes à une centaine de mètres de l'endroit d'où nous étions partis avant d'entrer dans ce pays boisé. Ayant repris notre direction, nous avons dirigé vers le nord, pour nous retrouver dans un pays plus marécageux à mesure que nous avancions. Après avoir marché quelque temps à travers des champs humides et spongieux, parfois dans l'eau jusqu'aux genoux, nous tombâmes sur une petite rivière que nous suiviâmes vers le nord jusqu'à rencontrer la voie ferrée tant espérée que nous cherchions. de, courant plein ouest et coupant la rivière à angle droit, conformément à mon calcul précédent. Après nous être assurés qu'il n'y avait aucune sorte de garde sur le pont, nous nous retirâmes du marais, pour nous arrêter un instant avec soulagement sur la piste ferme et sèche, avant de franchir le pont et de poursuivre nos aventures.

Poursuivant notre route, nous gardâmes la piste tant qu'elle courait plein ouest et, en quelques milles, nous heurtâmes la deuxième rivière que nous avions espéré trouver, plaçant ainsi un obstacle redoutable derrière nous. Notre position exacte était désormais connue par rapport au réseau ferroviaire sur lequel nos pensées étaient concentrées. La ligne sur laquelle nous nous trouvions maintenant s'étendrait plein ouest sur un mile ou deux, puis se courberait vers le sud dans une grande courbe avant de repartir vers l'ouest, lorsqu'elle franchirait le Grand Canal. Notre objectif était maintenant d'utiliser ce pont si possible, mais nous ne pensions pas avoir le droit de rester sur la ligne jusqu'à ce que le pont soit atteint, car, autant que nous puissions nous souvenir de la carte, il semblait y avoir un gare ou voie d'évitement par laquelle passait la ligne peu de temps après avoir commencé à tourner vers le sud. En conséquence, nous sommes restés fidèles aux rails tant qu'ils se dirigeaient vers l'ouest, après quoi nous avons quitté la voie avec la plus grande réticence pour plonger de nouveau dans le marais, maintenant notre objectif fixe de voyager plein ouest chaque fois que cela était possible.

Très vite, la vue de notre piste amie fut perdue de vue, et nous n'avions pas avancé de plus d'un mille ou deux avant de commencer à considérer que nous aurions peut-être mieux fait de nous y tenir, quelles qu'en soient les conséquences, car les difficultés d'avancer à travers le marais devenaient de plus en plus sérieux à mesure que nous avancions. Nous étions maintenant bien au-dessus de nos genoux et souvent jusqu'à la taille dans l'eau et la bave. La lune s'était dévoilée, à notre grand inconfort, et bientôt elle brillait dans un ciel sans nuages, ce qui nous fit nous arrêter pour nous consulter sur la meilleure procédure dans les circonstances. Était-il préférable de continuer comme nous l'étions ? Nous nous en sortions assez bien, mais nous faisions un bruit épouvantable en avançant dans le marais, ce qui était absolument inévitable. Quatre personnes ne peuvent pas se frayer un chemin dans la boue et la neige fondante jusqu'à la taille sans gêner. C'était suffisant tant qu'il faisait noir. Si l'un des ennemis se trouvait dans le voisinage , ils concluraient probablement que le bruit dans le marais était causé par le bétail ; mais maintenant que nous pouvions voir presque aussi bien que s'il faisait jour, nous pouvions donc tout aussi bien être vus à notre tour. La vue de quatre hommes pataugeant à travers une zone dangereusement marécageuse au milieu de la nuit, à proximité immédiate de la frontière en temps de guerre, éveillerait les soupçons des plus simples d'esprit.

Toutefois, notre consultation n'a pas abouti à de meilleurs résultats et nous avons perdu un temps précieux. L'opinion générale s'est avérée contraire au retour sur nos pas, pour de nombreuses raisons : d'abord, la peur de perdre notre direction ; deuxièmement, si nous heurtions à nouveau la voie ferrée, nous pourrions être obligés de la quitter et de nous retrouver dans la même situation où nous nous trouvons actuellement. S'il nous arrivait de heurter quelqu'un, l'impossibilité de constater dans quelle mesure ces marais étendus à notre droite et à notre gauche, sans courir de risque grave ni perdre encore du temps, et bien d'autres raisons mineures, nous décidèrent d'avancer aussi rapidement que le permettaient les difficultés de notre route.

En quelques kilomètres, nous nous trouvâmes, à notre grande joie, sur les rives du Grand Canal tant attendu. Quand je dis berges, nous étions debout jusqu'à la taille dans l'eau et les hautes herbes luxuriantes, une épaisse brume blanche et humide planait sur tout, et nous pouvions à peine voir de l'autre côté du canal, qui était évidemment beaucoup plus marécageux que notre côté. De larges étendues d'eau, non interrompues par des roseaux, brillaient çà et là. Traverser le canal à la nage serait facile, mais avancer de l'autre côté semblait impossible. En conséquence, nous décidâmes de suivre le canal vers le sud du mieux que nous pouvions, dans l'espoir de retrouver la voie ferrée qui devait franchir le canal en un endroit ou un autre dans notre voisinage immédiat. A peine avions-nous parcouru quelques centaines de mètres que le pont attendu surgit soudain de la brume.

L'exaltation naturelle provoquée par la vue de ce pont fut rapidement atténuée à mesure que nous approchions, car de l'autre côté du pont se trouvait un petit hangar noir. Il semblait que ce serait l'une de ces occasions où nous devrions être obligés de prendre des risques. En conséquence, nous nous approchâmes de la piste avec le moins de bruit possible, en prenant le plus grand soin d'éviter tout bruissement des roseaux sur notre passage, grimpâmes sur la piste et nous couchâmes sur le ventre pendant que nous faisions une observation prudente. Après quelques minutes de réflexion, je me levai à quatre pattes, rampai jusqu'au pont et le traversai, et m'allongeai à moins de dix pieds de celui-ci, de l'autre côté, où je pouvais entendre distinctement un léger ronflement qui témoignait d'une sorte de bruit. détenu humain; aussi, je remarquai pour la première fois un très mince filet de fumée s'échappant de la cheminée de la cabine, ce que nous n'avions pas pu voir auparavant en raison de l'épaisseur du brouillard. L'homme dans la cabine, militaire ou civil, quel qu'il soit, continuait à émettre de petits ronflements réconfortants. En conséquence, j'ai fait signe au reste de mes compagnons de ramper comme je l'avais fait, et un par un, ils ont réussi à le faire sans faire de bruit appréciable, mais pour moi en attendant de l'autre côté, il me semblait que chacun prenait toute une vie. . Mais le garde du pont a dormi et nous avons tous traversé en toute sécurité pour repartir immédiatement sur la voie avec la plus grande vitesse possible, afin de laisser derrière nous ce quartier indésirable .

Maintenant que nous avions laissé derrière nous les deux rivières et le Grand Canal, nous sentions que nous avions fait une très bonne nuit de travail, même si nous n'avions plus progressé cette nuit-là ; mais il n'était qu'une heure et demie du matin, et il nous restait au moins trois, voire presque quatre heures avant l'aube, pendant lesquelles nous pourrions parcourir encore dix milles. À mesure que nous avancions, la terre à notre droite et à notre gauche devenait progressivement plus marécageuse ; parfois de grandes étendues d'eau brillantes apparaissaient de chaque côté de nous, et nous remerciions nos étoiles d'avoir risqué le pont, car si nous avions essayé de traverser un pays comme celui-ci, notre progression serait devenue *nulle* , même si nous survivions à la noyade. .

Au bout de quelques kilomètres, la terre a progressivement commencé à prendre un aspect plus sec, jusqu'à ce qu'un sol sec apparaisse des deux côtés de nous. Ici, nous avons fait un relevé général de notre direction à l'aide des étoiles et avons constaté que nous voyageions du sud à l'ouest. Cela dut être corrigé, nous quittions donc maintenant la piste sur laquelle nous avions fait de si excellents progrès et nous dirigeâmes vers l'ouest sur la terre ferme, ce qui nous conduisit à une série de collines en pente douce, ressemblant quelque peu aux dunes de chez nous. Chaque parcelle de terre disponible était cultivée et, à plusieurs reprises, des chiens aboyaient leur avertissement depuis les petites fermes que nous traversions.

Les difficultés de garder la direction nous étaient désormais pleinement apparentes. Par exemple, nous nous approchions d'un bloc de bâtiments de ferme et, pour ne pas attirer l'attention des chiens, nous faisions un demi-cercle autour des bâtiments et nous nous dirigeions vers l'ouest par les étoiles de l'autre côté. De cette manière, nous avons dû parcourir une distance considérable vers le sud, comme cela a été prouvé par la suite, bien que nous nous dirigions toujours vers l'ouest. Il est pratiquement impossible de savoir quand vous avez fait le tour d'un village ou d'un bâtiment sans suffisamment de repères pour vous guider, et la nuit, cela devient impossible. Nous contournions un village ou un autre obstacle que nous souhaitions éviter, jusqu'à ce qu'il nous semble que nous l'avions fait plus de la moitié du tour ; mais en réalité, nous n'avons probablement parcouru qu'un quart de la distance. À un endroit, un chien nous suivit presque jusqu'au sommet d'un de ces champs vallonnés et aboya jusqu'à ce que nous pensions qu'il allait alarmer toute l'Allemagne. Pendant ce temps, nous restions allongés, le nez collé à terre ; la lune était à son apogée ; et nous étions sur le terrain le plus élevé, et nous pouvions certainement être vus de très loin. Par conséquent nous n'avons pas apprécié les attentions des chiens qui annonçaient notre présence dans le quartier .

Afin d'éviter que nos silhouettes ne soient visibles sur l'horizon, nous avons rampé par-dessus le sommet de la colline jusqu'à ce que nous soyons bien de l'autre côté, ce qui nous a amenés à continuer de labourer, pour aboutir dans une région densément boisée de fourrés, à travers laquelle nous essayâmes d'abord de passer, mais nous ne trouvâmes pas cela facile sans faire beaucoup de bruit, causé par le craquement des broussailles desséchées à travers lesquelles nous essayions de nous frayer un passage. En nous retirant de ce qui semblait être une zone dangereuse, nous avons procédé à une consultation précipitée, qui a abouti à la décision de nous séparer en binômes et de traverser cette région de sous-bois en deux points différents, à quelque distance l'un de l'autre, et de nous retrouver de l'autre côté. si possible. Si nous ne parvenions pas à nous rencontrer directement, il ne servait à rien de perdre du temps à nous chercher.

Quoi qu'il en soit, nous approchions rapidement de l'endroit où nous pourrions juger nécessaire pour la sécurité de notre projet de nous séparer en paires, car quatre personnes ont beaucoup plus de chances d'être aperçues que deux. Et nous n'avions pas l'intention d'explorer la frontière réelle ou son environnement immédiat avec nos forces actuelles, même si nous pourrions probablement le tenter seuls ou à deux.

CHAPITRE XIII

NOUS CACHONS DANS UN DRAIN

IL dut s'écouler une bonne heure avant que nous puissions enfin nous dégager des fourrés, et notre traversée avait été assez bruyante. Aucun signe de l'autre couple n'était visible, de sorte qu'après une vingtaine de minutes de reconnaissance, nous sommes repartis.

Mon compagnon était le capitaine Stewart de la RFA, et on ne pouvait espérer un homme plus fidèle face à un danger de ce genre. À partir de ce moment, nous avons fait d'excellents progrès dans la nuit, et rien de notable ne s'est produit jusqu'à peu avant l'aube, lorsque nous avons eu de grandes difficultés à trouver un endroit convenable où nous cacher pendant la journée. Finalement nous découvrîmes un fossé entre deux champs, dans lequel nous passâmes la journée sans incident. Le froid extrême, associé au manque de nourriture, commençait à se faire sentir, car nous étions trop fatigués pour nous soucier vraiment de ce qui se passait, tant que seulement la nuit viendrait, pour que nous puissions repartir et faire circuler un peu d'air. nos membres. Vers 19 heures, nous avons commencé à nous frotter les pieds et les jambes, qui semblaient complètement morts, et à 7 h 30, nous sommes partis à un bon rythme. Bientôt, nous nous sentîmes assez chauds et confortables, à l'exception d'une sensation de rongement dans les organes vitaux, due bien sûr au manque de nourriture.

Depuis lors jusqu'à environ une heure du matin, aucun incident digne de mention ne s'est produit : seulement le même contournement prudent des villages et des fermes, en restant toujours en rase campagne et en évitant tous les chemins et toutes les routes comme la peste. Vers une heure, à notre grande surprise, nous avons heurté une voie ferrée allant vers le sud-ouest. Nous suivions cette ligne, non pas sur la ligne, mais parallèlement à elle, à une distance d'une centaine de mètres. Une ou deux fois, nous avons entendu des voix aux passages à niveau. La raison pour laquelle nous avons suivi le chemin de fer était que nous ne nous attendions pas à en rencontrer un si tôt, en fait ; pas avant la nuit suivante, et alors nous avons calculé que nous devions tourner vers le sud sur une bonne dizaine de milles pour le trouver. Ce chemin de fer serait d'une importance énorme pour nous, car il traversait un remblai artificiel, construit au centre d'un lac, le divisant ainsi en deux, dont les deux portions étaient reliées de chaque côté par une série de petits lacs, s'étendant respectivement au nord et au sud, et étaient, je présumais, le moyen par lequel les pays de basse altitude environnants étaient inondés.

Ces petits lacs, qui devaient être parallèles à la frontière, d'après les cartes que nous avions vues, constituaient un obstacle très sérieux à notre avancée. Il était donc de la plus haute importance de trouver un moyen de nous aider à surmonter la difficulté, et ce chemin de fer semblait être le seul. Si le chemin de fer que nous suivions maintenant passait entre deux petites villes situées presque en face l'une de l'autre, puis en traversait une troisième à moins d'un mille des deux dernières, alors c'était la ligne traversant les lacs que nous avions espéré un jour. de frapper, auquel cas nous l'avions rencontré par inadvertance, et nous étions beaucoup plus près de la frontière que nous ne l'avions cru possible. Cependant, nous n'avons pas cru un instant à une telle chance ; car, en raisonnant, nous avons dû descendre de dix ou douze milles au sud de l'endroit où nous avions commencé la nuit précédente pour être quelque part près de cette voie ferrée. À notre grande satisfaction, en réalisant notre intention de suivre cette ligne aléatoire, vers 3 heures 30 du matin, nous sommes passés entre deux petites villes, marchant cette fois sur la piste elle-même, et la quittant de nouveau lorsque nous étions bien à l'écart des environs.

En avançant à notre meilleure vitesse jusqu'à environ quatre heures, nous nous trouvâmes à l'approche d'une autre ville, traversée par le chemin de fer. Une enquête minutieuse a montré une gare et plusieurs voies d'évitement. Au cours de cette enquête, nous avons constaté que les habitants se préparaient pour la journée à venir et, en regardant nos montres, nous avons découvert, à notre grande consternation, qu'il était près de cinq heures. Où pourrions-nous trouver une cachette convenable ? Nous n'avions rien croisé sur le chemin qui pût offrir un abri à un rat, il n'y avait donc rien à gagner à revenir sur nos pas. Essayer de se promener dans la ville pourrait finir par nous surprendre par la lumière du jour, n'ayant trouvé aucun endroit où nous cacher. La seule procédure possible dans ces circonstances était de traverser la ville sur la piste du mieux que nous pouvions. En conséquence, nous nous éloignions, rampant parfois à quatre pattes partout où nous voyions quelque chose dont nous n'étions pas tout à fait sûrs. Nous avons essayé de passer sous de gros tas de bois et de rails d'acier qui se trouvaient le long de la voie, mais aucune consolation sous la forme d'une cachette d'aucune sorte ne nous a été offerte.

Nous avions traversé la ville en toute sécurité, mais nous fûmes arrêtés brusquement par un groupe d'ouvriers venant le long de la ligne et venant d'une direction opposée. Heureusement, nous étions pratiquement à la périphérie, ce qui nous a permis de nous réfugier dans un petit jardin jusqu'à leur passage. À ce moment-là, toute la ville semblait réveillée, les feux d'avertissement habituels s'allumaient dans les chaumières tout autour de nous, et le jour était sur le point de se lever. En parcourant le jardin, dans nos efforts effrénés pour découvrir quelque endroit, nous nous trouvâmes dans un petit bois de sapins , à travers lequel nous nous précipitâmes, sans nous soucier du bruit que nous faisions. Tout pour s'éloigner de cet endroit dangereux ! Pourquoi étions-nous approchés de cette ville bestiale ? Quels imbéciles avons-nous été de nous laisser surprendre par la lumière du jour dans un endroit aussi dangereux ! Ces pensées et d'autres nous traversaient l'esprit alors que nous nous précipitions.

Laissant le bois derrière nous, car nous ne trouvions aucun endroit où se cacher un écureuil, ni dans les arbres ni sous eux, nous nous trouvâmes dans une campagne plus ou moins ouverte. Seules les lumières de quelques chaumières éparses qui brillaient çà et là indiquaient que nous n'étions pas encore hors de la zone de danger. Un peu plus à notre gauche, nous avons repéré un autre petit bois ou une clairière qui semblait pouvoir offrir un abri quelconque. Nous y arrivâmes avec autant de précautions que possible, mais nous ne trouvâmes aucun sous-bois d'aucune sorte.

Les choses commencèrent à paraître désespérées, des voix se firent entendre de tous côtés et un homme entra d'un pas lourd dans la clairière dans laquelle nous nous trouvions. En nous jetant à terre, nous attendions en retenant notre souffle qu'il passe. Dès qu'il a disparu, j'ai bien peur que nous ayons perdu la tête pendant un court instant. Sous nos pieds se trouvait un épais tapis de feuilles mortes. L'idée ridicule que nous pourrions nous cacher dessous nous frappa tous les deux simultanément, et d'un commun accord nous tombâmes à genoux et commençâmes à gratter frénétiquement les feuilles dans un désespoir sauvage, jusqu'à ce que nous arrivions au lit de mousse pourri en dessous, et après quelques des minutes réussissaient, les ongles cassés et saignants, à gratter un trou assez grand pour contenir nos corps ; mais tirer les feuilles sur nous de l'intérieur, afin qu'elles paraissent intactes, nous avons trouvé que c'était une tâche impossible.

Pendant environ un moment, je me suis allongé dans la petite tombe que j'avais creusée et je me suis livré au désespoir, puis soudain, je me suis rendu compte que ce n'était pas la meilleure façon de réussir à m'enfuir. Nous étions dans une très mauvaise position, mais nous n'agissions pas avec le sang-froid nécessaire pour faire aboutir notre projet. Immédiatement, je me levai d'un bond et nous quittâmes tous les deux la clairière et partîmes en reconnaissance à travers la campagne, voyageant dans ce que nous pensions être une direction vers l'ouest. Très vite, nous apercevons une autre petite clairière, cette fois à notre droite. Immédiatement, nous nous y dirigâmes avec la plus grande prudence, pour découvrir qu'ici non plus il n'y avait aucun endroit où nous cacher. Mais en quittant cette clairière de l'autre côté, nous tombâmes sur un drain profond d'environ deux pieds de large et quatre pieds de profondeur, avec quatre pouces d'eau au fond. En suivant ce drain sur toute sa longueur à droite et à gauche, nous avons découvert que c'était l'endroit idéal pour se cacher, si seulement nous pouvions trouver une sorte de revêtement pour le dessus qui ressemblerait à quelque chose de naturel.

Malheureusement, il faisait maintenant pratiquement jour et il y avait un grand danger que nous soyons vus alors que nous essayions de construire un toit. Sans une sorte de couverture, nous serions presque certainement découverts par le premier passant. Dans cette optique, nous avons tous deux coupé en toute hâte quelques petites branches de la clairière voisine et les avons collées dans les parois du haut du drain, de manière à former une charpente grossière ; puis, arrachant quelques fougères à poils de vieillard que nous trouvâmes poussant le long de la lisière du bois, nous les disposâmes le plus vite possible sur le sommet de l'armature de branches, et, ôtant nos bottes, nous nous tortillâmes une à une, les tirant après nous. Cela était bien pour le premier, mais extrêmement difficile pour le second, à cause du manque d'espace dans notre retraite, puisqu'il n'y avait pas de place pour chacun de nous pour s'allonger sur le dos. Il fallut donc nous caler, couchés comme une paire de cuillères sur le côté, si serrés l'un contre l'autre que le moindre mouvement devenait impossible.

Nos premières sensations furent une intense satisfaction d'avoir enfin trouvé un endroit où nous avions une chance raisonnable de ne pas être découverts, et un grand soulagement corporel après notre longue randonnée de la nuit précédente. Bientôt, nous éprouvâmes la difficulté de soutenir notre tête au-dessus de l'eau, dans laquelle nous étions en partie immergés, mais nous pûmes enfin atténuer ce problème à l'aide de nos bottes, que nous envisageâmes d'utiliser comme oreillers, bien que cela fût plus facile à imaginer. que de le faire, car, en raison de notre position coincée, aucun de nous ne pouvait tendre la main pour atteindre les bottes et les tirer sous notre tête, bien qu'elles ne soient pas à plus de six pouces, de sorte que cela devait être fait par un seul homme. de nous roulant les uns sur les autres avant qu'il puisse avoir une main libre. Ceci étant accompli, il retourna à son ancienne position, avec le confort supplémentaire des bottes comme oreiller.

Pendant un certain temps, nous nous reposâmes avec un soupir de contentement, trop heureux de sentir que nous étions au moins à l'abri du danger d'être découverts immédiatement ; mais peu de temps après, nous avons commencé à nous rendre compte que nous passons un très mauvais moment devant nous. Heureusement, il ne nous était pas donné de savoir à quel point l'expérience de cette journée serait mauvaise – une expérience dont nous devrons toujours nous souvenir comme la plus terrible de notre vie. Aucune description du temps horrible que nous avons passé dans cette canalisation, aussi vivante soit-elle, ne pourrait décrire les angoisses corporelles que nous avons traversées. A cause du froid et de l'humidité, nous fûmes d'abord assaillis à notre tour par une fièvre que rien ne pouvait réprimer, nos dents claquant comme des castagnettes. Cela s'est transformé en une crampe très grave au ventre et aux jambes, qu'il était impossible de soulager en raison de notre position et de notre incapacité à bouger. La crampe dura jusqu'à environ midi, puis elle disparut tout à coup, suivie d'un endormissement complet des membres depuis les pieds vers le haut. En fait, depuis la taille jusqu'en bas, nous étions comme faits de pierre, sans aucun signe de sensation ou de sensation. la vie quelle qu'elle soit. C'était vraiment une grande miséricorde, car cela soulageait nos souffrances antérieures — tout valait mieux que cette horrible crampe.

Mais maintenant, la possibilité probable nous vint à l'esprit que, lorsque la nuit serait tombée, nous ne pourrions peut-être pas continuer notre voyage, voire même pouvoir marcher du tout ; et même si nous remettions la circulation dans nos jambes et la tenions la nuit suivante, mais ne parvenions pas à franchir la frontière, devrions-nous être capables de tenir encore un jour et une nuit sans nourriture, et pourrions-nous éventuellement supporter un autre jour comme ce? Bien sûr, nous devrions continuer jusqu'à nous effondrer, mais d'ailleurs, nous l'aurions peut-être déjà fait. Il ne restait plus qu'à attendre la nuit pour le tester.

Peu après que la crampe nous eut quittés, un groupe d'enfants passa, si près qu'il semblait qu'ils devaient marcher presque sur nous. Nous craignions qu'ils ne fouillent le long des égouts à la recherche de ménés ou quelque chose du genre. Le danger était passé, mais pendant quelque temps nous entendions des voix d'enfants, qui nous maintenaient dans la crainte perpétuelle qu'un jeu quelconque ne les amène accidentellement à nous tomber dessus. Désormais, les piétons passèrent à proximité, soit seuls, soit par deux à des intervalles variables, ce qui nous fit conclure que nous avions choisi un endroit près de quelque sentier à travers les champs, comme nous l'apprîmes plus tard. À peu près à cette époque, il commença à pleuvoir assez fort, ce dont nous étions très reconnaissants, même si cela nous mettait plus mal à l'aise que jamais, car nous avions calculé que cela réduirait le nombre de piétons susceptibles d'emprunter un sentier à travers les champs.

Jusqu'au moment où le premier groupe d'enfants était passé, jouant sur le chemin, nous nous étions sentis assez en sécurité dans notre retraite, ce qui était notre principale consolation d'être dans un endroit si exigu ; mais maintenant que le danger d'être découvert devenait plus fréquent, en raison de notre proximité avec un chemin quelconque, nous avons commencé à souffrir mentalement aussi bien que physiquement. Nous ne tardâmes pas à découvrir que, si la pluie réduisait le nombre de personnes susceptibles de se trouver dans les champs, elle diminuait aussi considérablement notre couvre-chef, qui, si la pluie ne cessait pas bientôt, serait réduit à un minimum, car elle est composée principalement de fougère à poils de vieillard, qui, comme la plupart des gens le savent, est une sorte de fibre grise , très semblable au crin de cheval. Ces cheveux, une fois secs, formaient une belle couverture épaisse et duveteuse, mais maintenant qu'ils étaient trempés par la pluie, ils s'étaient ratatinés et pendaient en tresses élancées. Nous pouvions maintenant voir parfaitement clairement ; mais à cause de la profondeur du drain et de l'impossibilité de bouger, nous ne pouvions observer personne qui passait, bien que nous sentions que leurs yeux ne pouvaient manquer de nous repérer, ce qui est, je le sais, un très mauvais raisonnement, puisqu'on peut toujours voir un passant depuis la fenêtre d'une pièce sans être vu en retour.

Mais un tel raisonnement philosophique requiert une meilleure condition mentale et physique que la nôtre à cette époque. C'est pourquoi nous souffrions des tortures à chaque passage de quelqu'un . Dans un cas en particulier, nos nerfs étaient mis à rude épreuve. Un homme arriva sur le chemin, fredonnant négligemment une mélodie pour lui-même. Juste au moment où il nous dépassait, il s'est arrêté brusquement, et apparemment notre cœur aussi. Pendant un moment ou deux, il resta immobile. Combien de temps il est resté réellement, ni pourquoi il est resté ainsi, je ne peux pas le dire, mais cela nous a semblé mille ans. Finalement, il s'est éloigné et a recommencé à fredonner, tout en emportant notre tranquillité d'esprit avec lui. Nous étions sûrs qu'il avait dû nous voir, mais nous avions eu peur de nous attaquer seuls et nous étions maintenant allés demander de l'aide. Nous savions bien que chaque Allemand gardait les yeux et les oreilles ouverts dans l'espoir de détecter les prisonniers évadés, car la récompense offerte par le gouvernement allemand pour toute information susceptible de conduire à la capture de prisonniers était très considérable, en particulier pour les Anglais détestés. . La rumeur courait que toute personne déposant des informations fiables recevait la somme de deux mille marks.

Que devrions nous faire? Si nous sortions en rampant, il nous faudrait probablement des heures avant de mettre nos jambes au travail, en attendant d'être exposés à la vue de tout le monde. Non! nous devons rester et prier pour que nous nous soyons trompés et que nous n'ayons pas été vus. Mais à partir de ce moment, nous étions en proie aux craintes les plus angoissantes, écoutant en retenant notre souffle le moindre bruit qui pût présager l'arrivée de nos ravisseurs. Un ou deux autres piétons passèrent, et à l'arrivée de chacun, nous pensions que le jeu était fini, mais tout se passa sans incident. Vers 18 heures, la pluie a cessé, mais le ciel s'est couvert de gros nuages gris qui, avec le crépuscule, nous ont décidés à tenter de nous dégager.

CHAPITRE XIV

MARCHE À LA FRONTIÈRE

CE fut avec les plus grandes difficultés que nous sortîmes de cette horrible fuite, parce que nous avions perdu l'usage de nos membres inférieurs. Finalement, mon compagnon fut le premier à se dégager, mais il me fallut un bon quart d'heure de travail pour y parvenir, et cela fut dû au fait que je plaçai mon bras droit (mon gauche était coincé sous moi) autour de son cou et que je m'efforçai de l'attirer. lui sur moi, il appuyait en même temps avec ses deux mains contre la paroi opposée du drain, et nous deux tirions et pressions par saccades, jusqu'à ce qu'enfin il réussisse à se retourner sur le dessus. J'étais maintenant capable de placer mon corps dans une position plus plate au fond du drain, grâce au retrait du corps de mon ami, laissant plus de place, tout en soutenant son poids sur le mien. Nous n'étions plus coincés, de sorte qu'il pouvait s'extraire en appuyant avec ses mains sur les deux côtés du drain, et ainsi se faufiler peu à peu, traînant derrière lui ses jambes inutiles.

Dès qu'il fut dégagé et que j'eus eu le temps de récupérer de mon effort précédent, je parvins à me traîner de la même manière, nous avançant tous les deux jusqu'à trouver une partie plus large de l'évacuation, quand, nous tirant vers En position assise, nous avons essayé de faire revenir la circulation vers nos jambes, ce que nous avons fait en plaçant nos mains sous les articulations des genoux et en les soulevant de haut en bas. Après environ vingt minutes, nous avons tous deux commencé à ressentir une douleur atroce lorsque le sang est revenu. Cependant, nous avons travaillé avec joie, le retour de la douleur indiquant aussi le retour de la circulation, et donc de l'usage de nos membres. Il devait être près de sept heures avant que nous puissions sortir du drain et ramper jusqu'à l'abri de la clairière voisine. Comme il ne faisait pas encore tout à fait nuit, nous sentions que nous serions plus en sécurité dans la clairière que dans un canal à ciel ouvert si près du sentier ; nous devons aussi nous débarrasser d'une partie de l'eau présente dans nos vêtements.

Ramper jusqu'au bois avait encore facilité notre circulation, de sorte que bientôt nous nous entraînâmes à la marche, qui au début n'était pas du tout rassurante, mais s'améliorait à mesure que nous commencions à nous échauffer. Nous ne pouvions nous empêcher de rire tous les deux pendant que nous essayions de nous promener, lorsqu'une jambe cédait brusquement, précipitant le propriétaire à terre. Très progressivement, nous avons commencé à utiliser pleinement nos jambes. Cette difficulté étant surmontée, nous nous ôtâmes nos vêtements pour pouvoir en essorer l'eau. Je retournai alors prudemment à l'égout pour récupérer mes bottes, que j'eus beaucoup de peine à enfiler. Cependant, nous étions équipés et prêts pour l'aventure finale vers huit heures un peu plus tard, lorsque nous nous sommes dirigés vers l'ouest, joyeux comme deux garçons de sable. Toutes les horreurs des douze dernières heures étaient oubliées ; Plus nous marchions, plus nous nous réchauffions et, par conséquent, plus optimistes. Bonté divine! quels faibles rats nous étions ! Nous étions bien pour une autre semaine de ce genre et nous sentions que tout allait bien pour nous.

Notre but était maintenant de heurter le chemin de fer sur lequel nous avions traversé la ville la nuit précédente, lorsque nous l'avions quitté, afin d'éviter le groupe d'ouvriers qui venait vers nous. Nous nous étions alors précipités vers notre gauche ; par conséquent, la ligne devait être quelque part sur notre droite, de sorte que nous nous dirigions maintenant dans la direction que nous estimions être le nord-ouest, d'après nos calculs de la journée. Comme les étoiles n'étaient pas encore visibles, nous n'avions rien de précis pour nous guider. À chaque instant, nous nous attendions à franchir la ligne, mais il devait être bien neuf heures avant que nous y parvenions finalement, même si nous avions pensé qu'elle ne pouvait pas être à plus d'un demi-mille de notre dernière cachette. En y arrivant, nous appliquâmes la même tactique que la veille, c'est-à-dire suivre la direction de la ligne à une distance d'une centaine de mètres. Plusieurs fois nos nerfs furent mis à rude épreuve en entendant des voix ; mais nous y sommes restés pendant plus d'une heure, lorsque nous nous sommes retrouvés à marcher dans une fine brume de vapeur blanche , qui devenait de plus en plus épaisse à mesure que nous avancions. Nous espérions beaucoup que cette brume pourrait s'élever de la zone prévue des lacs, de sorte que nous avancions avec plus de prudence et traversâmes deux routes principales sur lesquelles les passages à niveau étaient éclairés. Des bruits distincts de personnes en conversation pouvaient être entendus à chaque passage à niveau. Très vite, nous avons commencé à nous enfoncer dans un terrain humide et marécageux, ce qui nous a décidés à nous diriger vers la piste, en la longeant aussi tranquillement que possible. Le ciel commençait maintenant à s'éclaircir progressivement et les étoiles apparaissaient une à une.

Nous n'avions pas parcouru plus d'un demi-mille lorsque nous dépassâmes un petit chalet au bord de la ligne. En nous précipitant devant cela aussi silencieusement que possible, nous avons été stoppés brusquement par une balustrade et une grande porte à cinq barreaux traversant la ligne. Au moment où nous allions franchir le portail, la porte de la chaumière s'ouvrit et un homme sortit. Peut-être ne nous voyait-il pas, mais il ne pouvait manquer de nous entendre. Nous avons franchi la porte en un clin d'œil et nous nous préparions à courir vers elle ; mais heureusement notre présence d'esprit revint aussi vite qu'elle avait fui, et nous marchâmes d'un pas confortable et tranquille. L'homme nous suivait et gagnait. S'il était un garde, pourquoi ne nous a-t-il pas demandé de nous arrêter ? Il ne pouvait pas se trouver à plus de quarante mètres. Nous avons un peu accéléré le rythme, juste assez pour que la distance entre nous soit égale. Le sang battait dans nos tempes et dans nos gorges ; nous voulions courir, mais nous n'osions même pas regarder derrière nous.

Nous avons continué notre marche, notre imagination déchaînée. Nous avions dû procéder ainsi pendant un bon demi-mille, quand tout à coup je m'aperçus que nous étions au milieu d'un lac. Nous marchions en effet sur le talus même qui longe les lacs sur lesquels nous avions calculé. Le fait que nous soyons effectivement arrivés au lac et que nous l'ayons parcouru pendant une certaine distance sans nous en rendre compte montrait l'état de tension nerveuse dans lequel nous nous trouvions. Rien ne nous avait détourné de l'homme qui nous suivait toujours, inexorable comme le destin lui-même. Très vite, la raison pour laquelle il ne nous avait pas défié nous apparut. Bien sûr, de l'autre côté du lac, il y aurait une autre porte et un autre garde, dans les bras desquels nous marcherions et serions pris comme des rats dans un piège. Dois-je m'arrêter et lui tenir la conversation pendant que mon compagnon le frappe par derrière ? Car cela doit se faire en silence. Oui, nous devons le faire. Mais l'idée de tuer de sang-froid est horrible, et nous avons encore marché encore une centaine de mètres. Ce faisant, nous sommes passés devant une grande roue en fer et une écluse , reliant les deux rives du lac par le remblai.

Un peu plus loin, nous remarquâmes un bouquet de petits buissons qui poussaient sur les pentes du talus. Ce serait un bon endroit pour en finir avec lui. En silence, nous avons attendu. L'homme atteignit l' écluse et s'arrêta. Nous lui avions manqué et il écoutait nos pas, pensions-nous. Mais non! au bout d' une minute ou deux, nous entendîmes l' écluse crier sa note dans l'air nocturne, suivie d'un jet d'eau. Il doit être le préposé à l' écluse . Dieu merci! Peut-être n'avions-nous pas éveillé ses soupçons, alors nous espérions l'entendre s'éloigner, ou qu'il passerait devant nous, et ainsi peut-être nous avertir de ce qui nous attendait. Mais le bruit de l'eau semblait noyer tous les sons. Avec précaution, je rampai jusqu'à l'écluse, de plus en plus près, jusqu'à ce que je me retrouve dessus. Il n'y avait aucun homme ; il a dû repartir. Ses soupçons n'avaient pas été éveillés.

Je retournai auprès de mon compagnon et nous repartirent, mais nous décidâmes bientôt qu'en marchant le plus prudemment possible, nous faisions trop de bruit. Pour atténuer cela, nous nous sommes arrêtés pendant que j'enlevais mes bottes. Je portais jusqu'à présent trois paires de chaussettes, alors j'ai retiré les deux paires les plus épaisses, j'ai remplacé mes bottes et j'ai remis une paire de chaussettes à mon compagnon, lorsque nous les avons tous deux mises par-dessus nos bottes. Cela atténuait considérablement le bruit de nos pas.

A mesure que nous avancions, nous remarquâmes que le remblai s'élargissait sensiblement ; aussi que, alors que jusqu'alors il n'y avait pas de brume suspendue sur l'eau du lac elle-même, nous nous heurtions maintenant à une fine vapeur blanche , qui augmentait à mesure que nous avancions. Nous en concluons que nous approchons de la rive opposée et qu'il faut donc accroître notre précaution. Les côtés du talus étaient désormais abondamment parsemés de petits buissons, dont nous profitions pleinement, nous déplaçant de buisson en buisson au fur et à mesure de notre progression. Au cours de notre progression, nous remarquâmes que nous n'étions plus entourés d'eau de part et d'autre, mais d'une tourbière gluante, parsemée çà et là de hauts roseaux. Nous avons essayé cette tourbière, mais nous nous sommes immédiatement enfoncés jusqu'aux genoux dans la boue sale, de sorte que nous avons été obligés de retourner sur la piste. Un peu plus loin, nous essayâmes de nouveau la tourbière ; c'était sec cette fois, mais c'était quand même dommage de s'y aventurer.

La lune pensait maintenant qu'il était temps qu'elle montre sa présence sur la scène. Heureusement, elle fut empêchée de réaliser son projet par un voile de minces nuages, auxquels nous adressâmes des prières de reconnaissance, en nous demandant courtoisement de ne pas bouger. Soudain, un point de lumière brillant apparut au centre de la piste, ce qui nous fit immédiatement nous mettre à genoux, sur lesquels nous rampâmes jusqu'à être à moins de cinquante mètres de la lumière. Comme nous l'avions soupçonné, nous pouvions maintenant détecter une grande porte en travers de la voie ferrée, sur laquelle la lumière que nous avions vue semblait suspendue. Tandis que nous préparions les moyens de franchir cette barrière, un homme sortit d'une cabane que nous n'avions pas remarquée auparavant, car elle était dans l'ombre. Il s'avança vers la lumière et la décrocha, la rapportant avec lui dans sa cabine et la posant par terre devant sa porte.

Sans attendre la suite des événements, nous nous sommes glissés dans la tourbière sur notre gauche. Heureusement, il faisait assez sec ici, nous n'avons donc pas beaucoup coulé, mais nous avons eu du mal à avancer sans faire un certain bruit de succion en rampant, causé par le fait de sortir nos mains et nos genoux de la boue. Nous avons dû faire plus de bruit que nous ne le pensions, car nous avons sans aucun doute éveillé ses soupçons lorsqu'il sortit de sa hutte et écouta. Bien sûr, nous nous arrêtâmes aussitôt en le voyant et nous nous recroquevillions dans la boue ; et bien qu'il ne pût voir, il retourna à la cabane, et revint peu de temps après avec son fusil, sur lequel on l'entendait fixer sa baïonnette. Pendant son absence, qui durait peut-être deux minutes, nous avions profité de son absence pour nous éloigner d'une bonne vingtaine de mètres.

Le lecteur peut être surpris que nous puissions si bien distinguer ses mouvements, mais il faut se rappeler qu'il se tenait debout sur le talus de la voie ferrée, tandis que nous étions à une trentaine de pieds en dessous de lui dans la tourbière ; par conséquent, pour nous, sa silhouette se détachait très clairement sur l'horizon. Pendant un moment, il resta immobile (inutile de dire que nous avons fait de même) ; puis il se dirigea vers l'autre côté de la piste et descendit hors de vue pendant quelques secondes, ce dont nous profitâmes immédiatement pour nous éloigner encore dix mètres. Cette fois, il a dû nous entendre à nouveau, car il a quitté la piste et a commencé à descendre vers nous. Nous étions sur le point de nous lever et de foncer vers lui, lorsqu'il s'arrêta à mi-pente, écoutant attentivement ; puis il grimpa vivement jusqu'à la piste, saisit sa lanterne et la plaça dans son chapeau. Il avait visiblement été frappé par le fait que sa lumière annonçait ses mouvements. Encore une fois, nous avons mis encore vingt mètres entre nous et, ce faisant, nous avons grimpé une légère pente, le sol sous nous devenant de plus en plus sec à chaque pas, jusqu'à ce que nous nous trouvions sur une route, où nous nous sommes étendus à plat ventre, guettant le prochain. mouvement de la sentinelle.

Il était évident que ses soupçons étaient pleinement éveillés, car il se promenait comme un chat sur des briques chaudes. Ses mouvements réels étaient maintenant trop loin pour être discernés avec précision. La route sur laquelle nous nous trouvions coupait à angle droit la voie ferrée ; d'où la porte : c'était un passage à niveau. La ligne, comme nous le savions, allait vers l'ouest ; cette route était donc orientée nord et sud. Nous décidâmes de reprendre et de rejoindre la voie ferrée, après avoir fait un détour assez important autour de la sentinelle. Pour ce faire, nous devions traverser la route en rampant un à un, sur le ventre, de peur que la blancheur de la route ne fasse ressortir nos figures avec trop de relief si nous rampions de la manière ordinaire. De l'autre côté se trouvait une haie de ronces épineuses. Nous nous y sommes précipités pour être percés de cent épines. De l'autre côté de la haie se trouvait une berge escarpée, et puis, grand Dieu ! un autre lac !

La route ainsi que la voie ferrée ont été construites sur un remblai. J'ai essayé de patauger dans l'eau. C'était au-delà de mes capacités. Nous retournâmes silencieusement vers la haie et commençâmes à nous entraider, quand soudain je sentis mon compagnon me serrer le bras. Nous restions tous les deux immobiles ; la prise sur mon bras se resserra peu à peu, ce que je crus signifier le silence, alors je restai debout sans bouger, sans poser de questions, et supportant toujours à moitié le poids de mon compagnon, qui était perché sur la haie, d'une jambe de l'autre côté. Peu à peu, il a laissé tout son poids reposer sur moi, me donnant en même temps un petit coup de pouce. En sollicitant chaque muscle, je l'ai mis sur ses propres pieds sans faire de bruit ; puis, tandis que nous attendions, osant à peine respirer, tout à coup un homme s'éclaircit la gorge en toussant un peu.

Grand ciel ! il ne pouvait pas être à deux mètres de moi, et je réalisai que, si mon ami avait franchi la haie, il aurait dû tomber presque dans ses bras. Pendant un instant, je me sentis pétrifié par le danger imminent qui s'abattait sur nous. Soudain, sortis de l'obscurité, mais avant que mon cerveau ait saisi un plan d'action, nous avons entendu une cloche sonner son avertissement venant de la direction du passage à niveau. Simultanément, nous entendîmes la sentinelle faire le tour de la route et s'éloigner. Comme le bruit de ses pas en retraite s'affaiblissait, nous profitâmes de franchir au plus vite la haie, nous blottis sous l'ombre de l'autre côté, où nous attendîmes quelques secondes, afin de nous assurer que la sentinelle était bien là. ne revient pas. Puis nous avons commencé à ramper sur la route, en restant toujours aussi près que possible de l'abri amical de la haie. Avant d'aller très loin, nous fûmes surpris par le sifflement strident d'un moteur. Un instant ou deux, nous entendîmes un train lourd haleter vers nous, et alors qu'il traversait le passage à niveau, nous nous levâmes et sprintâmes sur une bonne centaine de mètres sur la route menant directement vers le sud, sûrs que le train se dirigeait droit vers le sud. le bruit du lourd train qui passe lourdement étoufferait complètement le bruit de nos pas pressés.

Ici, nous avons essayé à nouveau le marais, mais nous avons trouvé cela impossible, alors nous avons finalement décidé de suivre la route vers le sud jusqu'à ce que nous trouvions un terrain sec à notre droite. Après environ une demi-heure de marche, nous arrivâmes à un tout petit village au bord du marais, composé en réalité de quelques chaumières éparses ; Nous y allâmes avec la plus grande précaution, car il y avait encore de la lumière dans une ou deux des chaumières. Immédiatement après notre passage, nous trouvâmes sur notre droite une grande étendue de champs labourés. Nous nous dirigeâmes ensuite légèrement vers le nord, afin d'atteindre l'extrémité sud du marais et de rester ainsi en contact avec lui et avec notre chère ligne de chemin de fer, qui apparemment le traversait encore au milieu . Peu à peu, les champs labourés commencèrent à descendre vers la tourbière, et dans notre souci de nous assurer de la tourbière, nous passâmes tout près d'une grande grange qui avait échappé à notre attention. Pendant que nous le faisions, un chien à l'intérieur s'est mis à aboyer furieusement. Aussitôt, nous nous précipitâmes de nouveau vers le sud, le chien continuant d'aboyer tant que nous entendions.

Nous nous efforçons encore une fois de faire la limite de la tourbière. Après avoir fait un grand détour par la grange, nous l'atteignîmes en toute sécurité, mais cette fois elle parut plus sèche, à notre grande satisfaction. Nous avons essayé de marcher dessus, mais ce n'était pas encore possible. En suivant la berge, qui s'étendait presque plein ouest, nous avons réessayé. Après environ un kilomètre et demi, il faisait encore trop humide, mais on pouvait voir ici et là un arbre solitaire pousser. Ceux-ci croissaient en nombre à mesure que nous avancions, jusqu'à ce qu'enfin nous arrivions devant un bois délabré, à travers lequel coulaient de nombreux ruisseaux. Ici, nous avons plongé dans le bois, jusqu'aux chevilles, dans une tourbière, et avons avancé vers le nord dans une nouvelle tentative pour heurter la voie ferrée. Notre progression était très lente, car nous devions constamment sauter des fossés, dont certains étaient trop larges pour que nous puissions réussir un atterrissage de l'autre côté, puis nous glissions dans l'eau gluante pour en sortir avec difficulté.

À un endroit se trouvait un ruisseau d'environ quarante pieds de large, qu'il était évidemment impossible de franchir. Remarquant un lourd rondin de notre côté, nous l'avons poussé dans l'eau et avons atteint la rive opposée un à un à califourchon sur le rondin. Ce n'était pas aussi facile qu'il y paraît, car la bûche roulait d'abord dans un sens puis dans l'autre ; mais nous avons finalement réussi à traverser en toute sécurité sans mouiller le haut du corps. Certains pourraient dire que nous aurions dû sauter et nager par-dessus, mais ils doivent se souvenir de l'état dans lequel nous nous trouvions. Nous craignions tous les deux que, si nous étions une fois entrés dans l'eau, des crampes ne nous rattrapent à nouveau.

Tandis que nous avancions toujours vers le nord, nous passâmes sur un terrain plus élevé, qui devenait de plus en plus sec à mesure que nous avancions, et avant d'être allés très loin, nous tombâmes soudainement sur la voie ferrée. Joie des joies ! nous avions repris notre direction lorsque, suivant pendant environ un mille la voie ferrée qui roulait toujours plein ouest, elle bifurqua tout à coup vers le sud. Cela nous a un peu rebuté, mais nous avons décidé de le suivre encore un peu ; et c'est une très bonne chose que nous fîmes, car bientôt nous fûmes réveillés par de nombreuses lignes de lumières, apparaissant comme des piqûres d'épingle dans l'obscurité, certaines étant rouges, d'autres vertes. Cela doit être une sorte de grand carrefour. Nous nous sommes rapprochés prudemment, de plus en plus de lumières apparaissant à mesure que nous avancions. Au bord du chemin se trouvait une grande haie ; nous y sommes allés et nous sommes couchés à l'abri de son ombre.

Pour la première fois, nous avons réalisé que nous étions tous les deux très fatigués, mais, chose étrange, pas du tout affamés – en fait, aucun de nous n'aurait pu manger quoi que ce soit, même si nous en avions mangé. Pendant que nous nous reposions, les cloches d'une église voisine sonnèrent l'heure de midi. Bonté divine! seulement cinq heures avant le jour ; il faut continuer. Chacun se dit à l'autre qu'il fallait partir immédiatement, mais aucun de nous ne bougea, nos membres refusant de nous obéir. J'avais une violente douleur dans la poitrine, j'avais mal à la tête et mes dents ne cessaient de claquer. A la fin, l'esprit gagna la chair et nous nous rapprochâmes tous les deux des lumières, quand, regardant soudain à notre droite, nous découvrîmes une lumière brillante dans le ciel au nord. Super Scott! ce doit être la ville de V... ;

il ne peut y avoir aucun autre endroit assez grand dans un rayon de cinquante milles d'ici qui puisse jeter une telle lumière, et V... se trouvait à trois milles au-delà de la frontière hollandaise. Mon compagnon refusait de croire que nous puissions être si proches, mais j'ai insisté. « Alors, quelle est cette ville devant nous ? « Ce doit être K... », répondis-je, qui se trouve, comme vous le savez, juste de ce côté de la frontière et au sud-ouest de V....

Pour le moment, nos douleurs furent oubliées, alors que nous nous dirigions vers les lumières bienvenues de V———. Mais nos ennuis ne faisaient que commencer ; le point culminant de l'entreprise était à venir.

CHAPITRE XV

ÉLUDER LES SENTINELLES

TANDIS QUE nous marchions vers V—— à travers des champs fortement labourés, nous constatâmes que nous montions très progressivement. En chemin, nous avons dépassé une ligne de postes allant en ligne droite du nord au sud. Était-ce la limite ? Il s'agissait certainement d'une sorte de poste frontière. Mais cela ne pouvait pas être la frontière, car nous n'avions vu aucune sentinelle et nous savions qu'il y en avait au moins deux lignes. Continuant d'avancer, mais avec plus de précautions, tombant la face chaque fois que nous entendions un bruit ou voyions quelque chose de suspect, nous nous approchâmes d'une route en contrebas, sur laquelle se trouvait ce qui semblait être une rangée de blockhaus, espacés d'une centaine de mètres l'un de l'autre. Celles-ci étaient occupées par des soldats, car une ou deux portes s'ouvraient, laissant échapper un flot de lumière, et révélant à la vue un homme en uniforme allemand, qui quittait sa maison et se dirigeait vers une autre, portant une lanterne. Il l'éteignit et entra. Pendant tout ce temps, nous restions en suspens à soixante mètres à peine d'un de ces blockhaus.

Dès que le soldat eut disparu, nous rampâmes sur la route et nous avançâmes vers la lueur du ciel déjà mentionnée. Au bout d'un kilomètre et demi, la charrue s'arrêta et nous nous trouvâmes à proximité de ce qui semblait être une longue haie, mais lorsque nous y arrivâmes, nous trouvâmes que c'était la lisière d'une dense forêt de genêts. Nous y pénétrâmes pendant quelques mètres, lorsque nous rencontrâmes un petit sentier creusé dans les genêts. Ici, nous avons tenu une consultation chuchotée et avons décidé que l'aspect du projet ne nous plaisait pas du tout. Nous nous sommes allongés sur le balai au bord du chemin, afin d'entendre tout bruit qui pourrait trahir la présence d'autres personnes que nous.

A peine étions-nous enfoncés dans le balai que le silence intense de la place fut rompu par des bruits de pas qui se rapprochaient de plus en plus, jusqu'à ce qu'une sentinelle avec son fusil sur la pente nous dépasse sur le chemin ; il était si proche que j'aurais pu le toucher. Il n'est pas nécessaire de décrire à quel point nous avons été excités par la découverte que nous nous trouvions effectivement à la frontière. Le moment d'agir rapidement et sans peur était arrivé ! Sortant mon canif, je coupai à la hâte les lacets de mes bottes, les retirai et me mis silencieusement en bas dans le chemin à la poursuite de la sentinelle. Heureusement, ce chemin n'était pas tracé en ligne droite, mais serpentait ici et là, de sorte que je pouvais le suivre d'un coin à l'autre. Une ou deux fois, j'ai cru pouvoir distinguer sa forme devant moi, mais j'entendais assez distinctement le bruit de son gros pas pour savoir s'il s'était arrêté, sinon j'aurais pu le surprendre soudainement au détour d'un coin.

Nous avons dû parcourir environ soixante-dix mètres de cette manière lorsque le soldat devant moi a été interpellé, mais je n'ai pas pu saisir la réponse. Puis j'entendis distinctement deux, voire trois voix en conversation, alors que je devais me trouver à une trentaine de mètres, ce qui me laissa croire que, pour le moment du moins, notre présence n'avait pas été soupçonnée, ou qu'ils auraient été plus prudents. pour faire taire leurs voix. De nouveau un léger bruit me fit croire que notre sentinelle était en mouvement. Immédiatement, je me suis faufilé dans les buissons pour attendre les événements, pensant que peut-être il allait revenir, mais rien ne s'est produit jusqu'à ce que j'entende un autre défi devant moi, cette fois très indistinct. J'en arrivai maintenant à la conclusion que nous étions dans une ligne d'avant-postes et que notre sentinelle était la patrouille en visite, ce qui s'est avéré exact. Si tel était le cas, il devait y avoir une autre sentinelle très près de l'endroit où j'avais laissé mon compagnon — trop près, en fait, pour avoir l'esprit tranquille — et je me mis immédiatement sur mes pas.

Sur le chemin du retour, je m'aperçus pour la première fois que j'avais parcouru une série de petits sentiers, taillés dans les genêts, de la même manière que celui sur lequel j'étais, mais à angle droit par rapport à celui-ci, en fait vers ce que nous sommes censés être la frontière. Pouvons-nous nous permettre de prendre le risque d'en prendre un ? S'il y avait d'autres sentinelles devant, certainement pas. Alors que j'étais absorbé par ces méditations, j'ai soudainement entendu quelque chose venir vers moi. Me dépêchant, j'arrivai à l'endroit où je supposais que se trouvait mon ami et me laissai tomber dans les buissons. Au bout de quelques instants, la même sentinelle repassa, si près que j'aurais pu le toucher. Au bout de dix à quinze mètres, il fut de nouveau interpellé, ce à quoi il répondit « Ami », après quoi je crus entendre quelques mots murmurés entre eux au sujet de la pluie qui allait arriver, et l'un d'eux repartit. Ma difficulté était maintenant de retrouver mon compagnon sans faire aucun bruit que la sentinelle près de nous pût entendre. En rampant sur le chemin, j'ai essayé de localiser l'endroit où j'avais enlevé mes bottes, mais j'étais absolument en mer, quand, à ma grande satisfaction, j'ai vu une autre silhouette ramper vers moi.

Heureusement, mon ami m'avait vu revenir et avait noté ma position. Nous discutâmes ensuite à voix basse du résultat de mon mouvement d'éclaireur, décidant de prendre le balai et d'essayer de suivre la direction d'un des sentiers à angle droit. Nous avons mis cela à exécution immédiatement, mais nous avons vite constaté que le dérangement que nous faisions nous serait fatal, puisqu'il est presque impossible de marcher ou de ramper à travers une épaisse matière fouettée comme un balai sans faire de bruit ; aussi, après avoir parcouru quelques mètres, nous décidâmes de nous confier à l'un des sentiers, ce que nous suivions, avançant le long de son bord et esquivant de buisson en buisson.

La lune jouait maintenant les tours les plus exaspérants ; parfois elle était toute cachée, pour resurgir tout à coup entre les nuages légers qui obscurcissaient le ciel. Nous avons dû parcourir un peu plus d'une centaine de mètres lorsque nous avons de nouveau entendu quelqu'un parler, cette fois presque directement devant nous ; nous sommes donc repartis dans le balai, en direction du sud-ouest, et en quelques minutes nous avons trouvé un autre chemin parallèle à celui que nous venions de quitter. Cela nous a réconfortés, car nous pensions avoir échappé à une sentinelle devant nous sur l'autre chemin ; mais nos espoirs furent rapidement anéantis par la vue du bout rougeoyant d'une cigarette juste à côté du chemin sur lequel nous nous trouvions maintenant, et à peine à trente mètres devant. Pendant quelques instants, nous nous sommes sentis plutôt désespérés, mais nous avons vite décidé que nous devions risquer de ramper entre eux deux. En conséquence, nous remontâmes dans le balai, nous dirigeant vers un endroit que nous jugions être à peu près à égale distance entre les deux sentinelles, et commençâmes à ramper en avant, en prenant les précautions les plus infinies.

Nous traversâmes les balais, rampant les uns derrière les autres, le premier écartant soigneusement les buissons et les retenant pour le passage de celui qui était derrière, afin qu'ils ne reculent pas et ne provoquent pas un bruit suspect. Tous les dix mètres environ, l'un de nous levait prudemment la tête au-dessus du balai pour voir si nous gardions la direction par rapport aux entraînements. Ce fut au cours d'une de ces reconnaissances que nous découvrîmes que nous étions au niveau des sentinelles respectivement à notre droite et à notre gauche ; car là, à notre droite, se trouvait l'autre homme, qui fumait aussi. « Cigare béni, ou quoi que vous soyez ! Quelle splendide lumière de phare vous montrez !

En rampant, nous avons laissé la ligne de sentinelles derrière nous et avions parcouru une petite distance lorsque nous avons constaté que le balai devenait progressivement plus fin et de plus en plus parsemé de bruyère, jusqu'à ce que finalement seule une bruyère épaisse d'environ un pied de profondeur prévale. Ici, nous avons pu remarquer qu'un léger vent s'était levé, ce qui était encourageant car il diminuait les chances d'être entendus. Par contre, la lune était sortie de derrière une grande masse de nuages, de sorte que nous pouvions être vus de très grande distance. Heureusement, il coulait et ne nous dérangerait plus longtemps. Devant nous s'étendait une longue étendue de bruyère plate, sur laquelle nous devions continuer à ramper, à la fois parce que nos silhouettes pouvaient être facilement vues par les sentinelles derrière nous et parce que nous ne savions pas ce qui pouvait se trouver devant nous.

Nous avions franchi deux lignes, peut-être étions-nous en fait au-delà de la frontière ; mais nous n'osons pas risquer cela. Les dispositions des sentinelles que nous avions découvertes et de celles que nous avions éliminées étaient celles indiquées ci-contre. Toujours en rampant, nous avons avancé lentement et prudemment – au début, pour

assurez -vous que les sentinelles derrière vous ne puissent rien voir ; puis, quand nous eûmes mis une bonne distance entre nous, nous commençâmes à accélérer le pas, jusqu'à ce que nous fussions presque à quatre pattes. Mais l'effort de ramper pendant une si longue période nous privait rapidement de la force qui nous restait. Tous les dix ou vingt mètres, nous étions obligés de nous enfoncer dans la bruyère pour nous reposer quelques instants, afin de rassembler un peu plus d'énergie pour continuer et aussi pour tendre les jambes droites ; car nous souffrions maintenant d'agonies accompagnées de crampes, provoquées par l'exercice inhabituel des muscles utilisés pour ramper ; même nos langues se recroquevillaient dans notre bouche ; mais nous serrant les dents et continuâmes à ramper, malgré la crampe.

« Il faut réussir, il faut battre les Boches ! Bon sang ! comme ils seront malades si nous nous en remettons ! Mais le ferons-nous ? Dieu merci, les gens à la maison ne savent pas que nous sommes des bêtes traquées et ils ne voient pas le danger dans lequel nous courons ; mais tu vois tout, vieille lune là-haut, tu vois les dangers devant toi, toi qui vois tout ce qui se passe la nuit, que te réserve le sort ?, toi au sourire alléchant , si froid et si distant ! Je t'insulterais si je n'avais pas peur de toi. S'il vous plaît, ne regardez pas ainsi.

Bientôt, la lune se coucha derrière un gros nuage, et mon ami et moi pûmes nous lever et avancer lentement. Le soulagement de pouvoir à nouveau se dégourdir les jambes était intense. Cela ne dura cependant pas très longtemps, car nous entendîmes soudain le bruit des pas d'un homme marchant uniformément sur une substance dure et sonore. Aussitôt nous nous retrouvâmes à genoux dans la bruyère. Où diable cet homme pourrait-il être ? D'après ce que nous avions pu voir avant que la lune ne se couche derrière les nuages, il n'y avait aucune route d'aucune sorte. De chaque côté de nous se trouvait une étendue ininterrompue de bruyère, mais le bruit de quelqu'un qui marchait était indubitable et devenait plus distinct à mesure que nous rampions plus près. Nous étions absolument perplexes lorsque, regardant à notre droite, j'ai vu une autre balise lumineuse, peut-être à une centaine de mètres. Quelqu'un fumait et le fumeur bougeait. Au début, il semblait venir vers nous ; mais comme notre position ne pouvait être améliorée ni en avançant ni en reculant, nous décidâmes de rester où nous étions, nous tapissant dans la bruyère.

Au bout d'un moment, nous avons décidé que la lumière s'éloignait de nous, pour disparaître complètement. Prudemment, nous avons rampé à nouveau en avant, le bruit des pas devenant si distinct qu'il semblait qu'il ne pouvait pas être à plus de quelques mètres. Soudain, sans aucun avertissement, nous nous sommes retrouvés tous les deux face à une route encaissée, d'environ quarante pieds de profondeur et peut-être cent vingt pieds de large, dans laquelle nous devons descendre, le long d'une berge sablonneuse escarpée, jusqu'à la surface dure de la rivière. route en dessous. Le bruit de quelqu'un qui faisait les cent pas ne nous intriguait plus ; car là, à moins de dix mètres, se trouvait une petite cabane, en plein milieu du chemin creux, de l'autre côté de laquelle quelqu'un se promenait de long en large. Nous ne pouvions pas voir l'homme, mais nous pouvions distinguer quand il marchait vers nous, quand il s'arrêtait et quand il marchait dans la direction opposée.

Une fois de plus, nous avons été dérangés par le bruit de quelque chose qui se déplaçait brutalement dans la bruyère derrière nous. Nous étions désormais menacés des deux côtés, de sorte qu'une action immédiate était nécessaire. Pour descendre sur la route, nous avons attendu que la sentinelle semble s'éloigner de nous, puis nous nous sommes lancés tête première sur la pente sablonneuse. J'ai enfoncé mes ongles et mes orteils dans le sable, mais la descente était trop raide. Bruissement! et je me suis retrouvé allongé au bord de la route, attendant que mon partenaire fasse de même. Bruissement! et lui aussi s'est allongé à côté de moi. Pendant un moment, nous avons écouté si la sentinelle était sur son chemin de retour – nous ne pouvions pas en être sûrs. Pendant ce moment d'attente, la lune redevint claire et brillante, et les pas de la sentinelle se rapprochaient de plus en plus. Il ne pouvait manquer de nous voir ; nos corps sombres sur le blanc scintillant de la route doivent se détacher en relief. Nous restons immobiles, respirant à peine. Dans un instant, il nous verrait – peut-être l'avait-il déjà fait ; il visait et nous attendions la balle. Oh le suspense du moment ! Lentement – cela nous a semblé une éternité – il a avancé, puis nous l'avons entendu se retourner et il s'éloignait à nouveau. Immédiatement, nous traversâmes la route à plat ventre et tentâmes de remonter de l'autre côté en silence ; mais c'était escarpé et sablonneux, semblable au versant que nous venions de descendre, et tous les deux pieds que nous montions, nous en descendions un.

La sentinelle reprenait son chemin de retour, ce qui nous obligeait à nouveau à nous taire ; mais cette fois, ce n'était pas si facile, car nous étions sur la pente. En vain nous enfoncions nos mains et nos pieds dans le sable ; nous avons glissé lentement mais sûrement, pouce par pouce. Il ne pouvait manquer d'entendre le sable glisser, du moins c'est ce que nous pensions ; mais il ne l'a pas fait, et alors qu'il s'éloignait de nouveau de nous, nous nous sommes précipités , quel que soit le bruit que nous faisions. Il semblait toujours ne rien entendre, mais nous atteignîmes le sommet en toute sécurité.

Dès que nous avons repris notre souffle et eu le temps d'examiner notre nouvelle position, nous avons découvert, à notre grande surprise, que nous nous trouvions à côté d'une nouvelle voie ferrée en construction. Juste en face de nous se trouvait un gros tas de silex, évidemment destinés à être utilisés sur la piste. Passer dessus sans déloger un seul silex serait impossible. Il faut pourtant s'en remettre, et nous parvenons finalement à traverser sans trop de nuisance ; mais ce n'était pas une blague pour moi, sans bottes. Une fois de l'autre côté, nous avons traversé la piste en toute hâte. Devant nous se trouvait un grand hangar, visiblement utilisé pour les magasins et les outils, car il y avait plusieurs brouettes. J'ai peur qu'il y ait un veilleur de nuit

d' une manière ou d'une autre, nous avons commencé à le contourner par la droite, et n'avions pas dégagé la piste de plus de quelques pieds lorsque nous nous sommes pratiquement heurtés aux bras d'une sentinelle. Je ne sais pas si c'est lui qui nous a vus le premier ou si c'est nous qui l'avons vu. Il n'était pas à plus de quarante mètres, seule une petite haie nous séparait de lui.

Nous avons été assez pris. Immédiatement, j'ai attrapé le bras de mon ami et je l'ai accompagné directement jusqu'à la remise à outils , en frappant à la porte. La sentinelle marchait rapidement vers nous. Au moment où j'ai frappé, il a appelé « Halt ! » à ce moment-là, nous avons tous deux contourné le hangar de l'autre côté, le mettant entre lui et nous. À deux reprises, nous l'avons entendu crier frénétiquement « Halt ! » mais nous avions aperçu sur notre gauche une haute haie qui courait dans la direction vers laquelle nous allions. Pour cela, nous avons sprinté et avons continué à courir sous son ombre, jusqu'à ce que nous tombions à bout de souffle. À chaque instant, nous nous attendions à entendre le sifflement d'une balle, mais visiblement nous l'avions secoué .

Il faisait maintenant nuit noire, la lune ayant définitivement disparu, ce dont nous étions très reconnaissants. Mais avant que nous ayons repris suffisamment notre souffle pour repartir, le silence de la nuit fut brutalement rompu par le bruit de six coups de feu tirés coup sur coup. Ce tir devait se situer à un demi-mille sur notre droite, mais dans le calme du petit matin, il semblait beaucoup plus proche. Hélas! à notre extrémité du moment, nous avions oublié l'autre paire d'évadés. Heureusement, nous n'avons jamais associé ces tirs à nos défunts camarades, sinon cela nous aurait certainement causé une grande anxiété pour leur sécurité.

Très vite, nous nous sentîmes suffisamment rétablis pour continuer, et nous avions aussi hâte de nous éloigner de la sentinelle qui avait si près de nous prendre, craignant qu'il ne mette des chiens sur notre piste, même si nous estimions que nous devions maintenant être hors de danger. , même si nous n'avions pas réellement franchi la frontière, puisque nous avions dépassé deux lignes de gardes en balai, et maintenant cette dernière ligne que nous venions de franchir. Les Allemands ne pouvaient pas avoir plus de trois lignes, car ils avaient trop besoin d'hommes au front, du moins c'est ce que nous pensions, pour pouvoir les gaspiller à garder la frontière.

Lentement et péniblement, car nous étions presque à bout de force, nous nous dirigâmes vers l'est à travers un bois aux plantations clairsemées, de l'autre côté duquel nous traversâmes une grande étendue de charrue. Nous étions si certains d'être en sécurité que nous avons commencé à discuter de ce fait, sans trop baisser la voix. Soudain, un homme a appelé « Halte ! » En regardant à notre gauche, nous avons vu une silhouette se diriger vers nous. Il ne pouvait pas se trouver à plus de douze mètres, sinon nous n'aurions pas dû le voir dans l'obscurité. "Allez!" et nous écrasions la charrue pour sauver notre vie. "Arrêt!" Nous avons couru. C'est alors que son premier coup de feu retentit. Quel méchant craquement cela a fait, lorsque la balle a touché le sol quelque part à mes pieds ! Je faisais un meilleur temps que je n'avais jamais fait sur l'aile à l'époque où j'étais pied de page, puis la deuxième balle est arrivée juste sous mon nez. Je pouvais sentir le courant d'air sur ma bouche. Son troisième tir est passé à un pied ou deux au-dessus de ma tête.

Où était mon compagnon ? Un quatrième coup de feu et une lourde chute à quelque distance derrière moi. "Mon Dieu! ils l'ont eu ! Devrais-je arrêter? Non! c'est chacun pour soi maintenant, c'était entendu. Puis un autre coup de feu retentit dans la nuit, quelque part très loin derrière. La sentinelle achevait mon ami. Horrible! Toujours en route, je m'envolai, pour tomber brusquement éperdument dans un fossé. J'étais trop épuisé pour aller plus loin et je restais à bout de souffle ; mais l'esprit de conservation est difficile à briser, et bientôt je calculai ce que je devrais faire ensuite. La lumière de l'aube serait bientôt sur moi. Je dois trouver une meilleure cachette pour le jour à venir.

Qu'est-ce que ça bouge vers moi ? Est-ce mon envie ? Non, bon sang ! c'est un homme, et il avance si lentement que ce doit être la sentinelle ; il me cherche. Il marchera presque sur moi. Très bien, mon ami ; si tu me manques d'un pied, je t'étrangle par derrière. La silhouette est arrivée, était à côté de moi ; en un éclair, j'étais sur son dos et je l'avais allongé. Un gémissement familier. Bonté divine! c'était mon compagnon. J'ai failli pleurer à cause de lui, mais son caractère avait disparu avec le coup que je lui avais porté, et il lui fallut un certain temps avant d'avoir quoi que ce soit à faire avec moi.

« Je t'ai suivi du mieux que j'ai pu », haleta-t-il, « et j'ai cru t'avoir perdu, et je n'ai pas la moindre idée d'où je suis. Cette brute s'est attaquée à moi après vous avoir donné les trois premiers. Le premier m'a frappé juste sous le talon et m'a mis à plat, mais je me suis levé et je me suis précipité dans la direction que je pensais que tu avais prise. Puis il a tiré à nouveau, mais il était à des kilomètres derrière moi.

Lorsque mon ami eut suffisamment repris son souffle, nous repartîmes et, après quelques centaines de mètres, nous entrâmes dans une région de bois délabrés. Ici, nous avons éprouvé de grandes difficultés à avancer, à cause de notre état d'épuisement, causé par le manque de nourriture et le froid extrême. Continuellement, nous trébuchions sur les souches d'arbres sur notre chemin, pour nous étendre de tout notre long de l'autre côté, pour ensuite nous relever avec une détermination hébétée à avancer aussi longtemps qu'il restait de la force en nous. À maintes reprises, nous nous sommes écrasés au sol dans notre progression aveugle, jusqu'à ce que finalement nous tombions tous les deux au même endroit, où nous avons finalement décidé de nous reposer jusqu'à l'aube, qui était sur le point de se lever.

Pendant que nous nous reposions, nous nous rendîmes peu à peu compte que nous n'étions pas seuls dans le bois, car nous entendions quelque chose bruisser vers nous à travers les sous-bois. Il se trouvait encore à une certaine distance. Instinctivement, nous nous relevâmes et trébuchâmes de nouveau, un peu rafraîchis par notre court repos. Une ou deux fois, nous nous sommes arrêtés pour savoir si nous étions poursuivis et nous avons découvert qu'à chaque fois que nous nous arrêtions, la personne qui nous suivait faisait de même. Évidemment, il devait essayer de déterminer notre position à cause du bruit que nous faisions en traversant les sous-bois, dont il semblait avoir pleinement profité, car il nous semblait qu'il était beaucoup plus près que lorsque nous l'avions d'abord fait. je l'ai entendu.

D'une manière ou d'une autre, nous avons réussi à avancer à un rythme plus rapide que nous ne l'avions fait jusqu'à présent et, ce faisant, nous avons traversé une petite clairière dans laquelle nous avons remarqué quelques paquets de fagots coupés, et l'idée m'a frappé qu'ils pourraient peut-être nous aider à échapper. notre poursuivant. S'emparant à la hâte d'un ou deux de ces fagots, nous nous enfoncions dans les broussailles, au fond de la clairière ; puis s'arrêta pour prendre la direction de l'homme qui nous suivait, qui à son tour s'immobilisa dès qu'il s'aperçut que nous ne bougeions pas. J'ai ensuite balancé l'un des fagots les plus lourds vers notre gauche, juste au-dessus des buissons. Immédiatement après l'atterrissage, l'homme se dirigea vers le bruit qu'il avait fait en tombant. Pendant ce temps, nous restions accroupis en silence dans les buissons. Finalement, nous avons entendu l'homme, ou quoi que ce soit, nous dépasser vers la gauche dans la direction où j'avais jeté le fagot, et nous n'avons plus entendu parler de lui.

Il faisait grand jour lorsque nous repartirent et constatâmes que nous nous reposions à quelques mètres de la lisière du bois. Devant nous se trouvait une étendue de charrues, mais bien différente de ce que nous avions vu précédemment. Ici, les champs étaient soigneusement taillés ; des haies séparaient un champ d'un autre ; aussi les sillons étaient plus réguliers et moins espacés. Mon compagnon et moi en discutâmes et décidâmes que cela ne ressemblait en rien à l'œuvre des Boche , ce qui nous laissa croire que nous en avions enfin fini. Nous l'étions donc, et nous l'étions depuis quelques kilomètres, même si, bien sûr, nous n'avions aucun moyen de le savoir. Nous apprîmes ensuite que l'homme dans le bois à qui nous avions donné la fuite était une sentinelle hollandaise. Oh! si nous l'avions su, nous l'aurions certainement serré autour du cou et lui aurions probablement demandé à manger : non que nous ayons le moins du monde faim ; nous avions dépassé cela depuis longtemps.

Au bout d'un de ces champs labourés, nous fûmes arrêtés par un large fossé d'une trentaine de pieds de large, de l'autre côté duquel se trouvait une voie ferrée. Comment diable pourrions-nous surmonter cela ? Personnellement, je me suis assis désespéré, me demandant d'une manière hébétée qui avait mis là ce fossé bestial. Mon ami a cherché à droite et à gauche un pont, mais n'a rien trouvé. En revenant vers moi, il remarqua que j'étais assis sur une longue perche.

« Coupe-toi, mon vieux ! c'est exactement ce que nous voulons », a-t-il déclaré. "Nous pouvons sauter à la perche." Et c'est ce que nous avons fait.

De l'autre côté de la voie ferrée, nous atteignons un petit village situé sur une grande route principale. En traversant la route, nous avons vu une ligne d'arbres s'étendant du nord au sud à perte de vue – au-delà des arbres, une longue ligne blanche, de ce qui semblait être de la brume . En nous approchant, nous avons découvert qu'il s'agissait d'une rivière. Lorsque nous atteignîmes sa marge, nous constatâmes qu'elle mesurait environ trois cents mètres de diamètre.

"C'est la Meuse !" J'ai crié : « et c'est fini, mec. Nous avons parcouru plus de trois miles et nous ne le savions pas. Tu comprends, espèce d'imbécile ? C'est fini ! étaient libres! nous nous sommes échappé !

Puis, pour ma part, je me suis assis et j'ai pleuré comme un enfant. Très vite, mon compagnon a décidé que nous devions nager de l'autre côté.

« Nagez par-dessus ça, dans notre état ! Tu dois être fou ! Je vous le dis, la Meuse ne se jette en Allemagne nulle part à moins de cent milles de chez nous.

"Eh bien," répondit-il, "ce sera plus sûr de l'autre côté", et il commença à enlever son manteau .

« Ne soyez pas un idiot allègre ; vous ne pourriez pas nager comme ça, même si vous étiez en forme et fort. Cependant, vas-y, vieille chose ! Je vais te regarder te noyer. Je suis parfaitement content de rester ici pour toujours et à jamais.

CHAPITRE XVI

LIBERTÉ ET BLIGHTY !

ET ainsi nous sommes restés tous les deux allongés et nous nous sommes interrogés sur tout cela, jusqu'à ce que nous entendions les cloches d'une église située loin en amont de la rivière sonner sept heures.

« Écoute, mon vieux, nous devenons encore raides ; il faut avancer vers un endroit ou un autre.

En conséquence, nous avons marché vers le nord, en longeant la rive de la rivière, et après environ une heure de marche, nous sommes arrivés à la périphérie de V.... En traversant la partie de la ville qui se trouve sur la rive est, nous arrivâmes au grand pont. C'est là que nous avons commencé à avancer, sentant que nous aimerions mettre la rivière entre nous et l'ennemi. Au milieu du pont, nous fûmes arrêtés et interrogés par la garde hollandaise. Lorsque nous déclarâmes que nous étions deux officiers britanniques venant de s'évader d'Allemagne, le sous-officier néerlandais parut plutôt dubitatif. Comme il ne parlait ni allemand ni français, nous avons eu quelques difficultés à le convaincre. Certes, notre apparence n'était pas très rassurante. Mon compagnon n'avait pas si mauvaise mine, même si ses vêtements étaient très déchirés et qu'il était couvert de bave de la tête aux talons ; mais ses bottes de campagne étaient des bottes de campagne et auraient dû attirer l'attention. Quant à moi, j'étais un spectacle horrible ; et, pour aggraver les choses, mes chaussettes étaient usées, révélant des pieds coupés et saignants.

Après une attente d'environ dix minutes sur le pont, une des sentinelles reçut l'ordre de nous conduire à la Casern ou caserne ; nous avons donc été ramenés du côté est du pont. Ici, on nous a dit que l'officier responsable n'était pas debout, mais qu'il serait immédiatement informé de notre arrivée. Au bout d'une minute ou deux, l'officier lui-même vint nous accueillir et nous conduisit dans sa chambre, où il achevait sa toilette.

Quel splendide accueil cet officier hollandais nous a réservé ! De ses propres mains, il a enlevé mes chaussettes et m'a lavé les pieds, enduisant les coupures douloureuses avec une substance en laquelle il semblait avoir une grande confiance. Constatant que les bottes de mon ami étaient trop pour lui, il a appelé quelques-uns de ses aides-soignants, qui réussit, après beaucoup de tractions, à les retirer de ses pieds enflés. Puis l'officier hollandais s'est dépêché et nous a commandé un petit-déjeuner. Que voudrions-nous ? Des œufs et du bacon, bien sûr ! Tous les Anglais aimaient ça.

« Oui, mon cuisinier les fait à merveille ; tu verras.

Puis il nous a fait enlever nos vêtements et nous laver ; des chemises et des gilets propres provenaient de la garde-robe de l'officier ; et finalement il appela le médecin militaire et l'informa qu'il avait quelques cas graves. Tout le temps, il s'efforçait de nous aider ici et là, et ne semblait jamais fatigué de nous dire à quel point nous étions de braves gens, ce que nous étions bien sûr d'accord tous les deux. Quand le petit-déjeuner arriva, il tournait autour de nous comme une poule avec ses poussins, mais nous ne parvenions presque pas à manger quoi que ce soit. Avec beaucoup de difficulté, nous parvînmes à avaler un œuf, plus pour faire plaisir au brave garçon qu'autre chose.

Peu après le petit-déjeuner, le médecin est arrivé et nous avons été emmenés en taxi à l'hôpital. Ici, nous avons été traités comme des princes. Rien n'était trop beau pour nous. C'était agréable d'être dérangé et pris en charge après avoir été négligé si longtemps, et nous avons vraiment apprécié leur gentillesse. Nous avons d'abord pris un bain très chaud. Oh le luxe de prendre à nouveau un vrai bain ! Après le bain, nous nous sommes couchés et avons dormi 24 heures sur 24. Un autre bain, des tas de nourriture et plus de sommeil ! Le médecin a dit que nous devions rester jusqu'à ce que nous nous sentions assez forts pour faire le voyage jusqu'à Rotterdam. Quand était le prochain train, avons-nous demandé. Oh, dans quelques heures. Eh bien, nous nous sentions assez forts maintenant pour Rotterdam, et bientôt pour l'Angleterre, puis pour la maison.

C'est ainsi que ce matin-là, nous avons quitté V... et tous les bons amis que nous nous étions faits, et nous sommes rendus à Rotterdam, accompagnés d'un autre officier hollandais, voyageant dans des voitures Pullman de première classe. A notre arrivée, nous avons été remis au consulat britannique. Tout le monde là-bas était la gentillesse même ; des dispositions furent prises pour que nous puissions acheter des vêtements civils, et bientôt nous fûmes complètement équipés.

De Rotterdam, nous avons été transférés à La Haye (en attendant un bateau britannique pour nous emmener en Angleterre), où l'ambassadeur britannique et son épouse nous ont accueillis à l'ambassade. Ici encore, rien n'était trop beau pour nous, et nous nous souviendrons toujours de la grande gentillesse qu'ils nous ont témoignée, qui m'a profondément touché après notre terrible expérience.

Et puis le grand jour est arrivé où nous avons remis les pieds en Angleterre !

Mais à quoi ressemblerait l'Angleterre ? Comment avait-elle supporté la tension de près de trois ans de guerre, avec une dépense de près de huit millions par jour ? Le fait qu'une somme aussi prodigieuse ait été recueillie grâce aux ressources de notre Empire, sans crainte d'une faillite immédiate, ne faisait que nous remplir d'une joyeuse fierté pour la race à laquelle nous appartenions. Mais qu'en est-il du bilan en sang et en os ? Était-ce aussi effrayant qu'on nous l'avait représenté ? Non pas que nous ayons été réellement influencés par *le Continental Times* , ou par tout autre journal que le gouvernement allemand diffusait parmi les prisonniers de guerre alliés, dans le cadre de son système général de persécution ; car l'Allemand est passé maître dans l'agonie mentale aussi bien que physique. Mais ces journaux, qui étaient notre seule source d'informations régulières, avaient jeté au fond de nous le doute que tout n'allait peut-être pas si bien chez nous ; car lorsque les jours se succédaient, que les semaines devenaient des mois, et que les mois se transformaient en années, et qu'aucun progrès appréciable n'avait été réalisé par l'Entente, il faudrait un héros optimiste, voire un imbécile, pour rester absolument libéré du chancre de l'Entente. doute. Dans les circonstances actuelles, il était impossible de calculer combien de temps nous devrons continuer à vivre en exil, dans ces conditions épouvantables . Nous n'osons pas espérer un retour rapide de la paix, car une paix rapide signifierait la perte de la cause de l'Entente, le triomphe du mal sur le bien, ce qui doit sûrement être impossible ; aussi les prisonniers se faisaient-ils un devoir de rire et de dire : « Oh ! trois ou quatre ans de plus », lorsqu'un soldat allemand lui demanda subrepticement combien de temps durerait la guerre.

Je me demande si les gens de chez nous réalisent un jour que les prisonniers en Allemagne comptent parmi leurs rangs certains des plus grands héros de cette guerre. Sur le champ de bataille, les héros, ou du moins certains d'entre eux, sont reconnus et récompensés en conséquence ; mais l'exil n'est jamais connu, bien qu'il se bat contre des obstacles bien plus désespérés ; pour lui, il n'y a aucune chance, tout est fini. Les belles actions sont accomplies dans le feu de l'action, lorsque l'excitation du moment donne l'impulsion à de nombreux actes nobles ; mais il faut un esprit plus courageux et plus ferme pour traverser avec le sourire et la bonne humeur les jours sans fin, rabougris et désespérés de la vie d'un prisonnier, pour remonter le moral de nos camarades qui sont pour le moment tombés dans le découragement et pour harceler les Allemands. des gardes à chaque instant en cas de tentative d'évasion, car si les prisonniers restaient paisiblement tranquilles, le nombre de leurs gardes serait réduit, libérant ainsi beaucoup plus d'hommes pour aller combattre leurs frères sur le front. Plus il y a d'évasions, plus il faut de gardes pour les empêcher, plus il y a de lumières électriques ou de lampes à huile pour montrer la nuit les desseins des évadés, l'approvisionnement continu en charbon et en pétrole nécessaire pour alimenter ces lumières, aide lentement mais très sûrement à drainer. les ressources des Boches . Cela se voit plus facilement lorsqu'on se rend compte que le total des prisonniers alliés en Allemagne s'élève à des millions.

Certains pourraient dire que la quantité de charbon et d'autres choses utilisées pour l'éclairage extérieur des camps ne pourrait pas être un problème sérieux.

Très vrai. Mais, même s'il est petit, tout cela compte, et c'est la seule manière pour un prisonnier de contribuer à apporter sa contribution. S'il tente de s'enfuir, il est puni, parfois très sévèrement ; mais il l'accepte comme faisant partie de son sort, car il estime que plus il y aura d'hommes placés pour le garder, moins il y aura d'hommes pour occuper des postes actifs. Depuis mon retour, j'ai rencontré de nombreuses personnes dans ce pays qui ne croient pas – ou plus probablement ne veulent pas croire – que la vie d'un prisonnier est aussi mauvaise que certains d'entre nous le prétendent. Tout ce que je peux dire, c'est que j'aimerais qu'ils puissent l'essayer par eux-mêmes. Qu'ils supportent la crasse insalubre pestilentielle et la puanteur nauséabonde des camps sans aucune sorte de drainage ; le froid glacial du long hiver sans chaleur adéquate ; l'esclavage quotidien consistant à cuisiner des aliments en conserve et à laver ensuite des assiettes graisseuses dans de l'eau glacée ; la difficulté de nettoyer le linge sans les ustensiles nécessaires pour le laver ; le tourment mental de ne disposer d'aucune information authentique sur le sort de la guerre ou sur le sort de ceux qui nous sont chers, tandis que les mâts de drapeau dont chaque camp est équipé sont périodiquement gaiement ornés d'énormes bannières militaires affichant quelque grande victoire allemande que le Les sentinelles boches perdent rarement l'occasion de le signaler sarcastiquement ! Heureusement, la ville ou le village qui se vante d'avoir un *Kriegsgefangenen* — un camp de prisonniers ! Être inspecté le dimanche comme des animaux curieux et méprisables derrière une cage grillagée par la population allemande, parée pour l'occasion en tenue de fête, qui se moque et regarde à travers des jumelles le visage ou les jambes de ceux qui portent des kilts, en criant des remarques obscènes tandis que les animaux marchent de long en large sur leur terrain d'exercice confiné ; voir ses précieuses lettres de chez soi faire l'objet de remarques offensantes de la part des officiers allemands attachés au camp, ce ne sont là que quelques-uns des ennuis les plus remarquables qu'un prisonnier doit supporter avec un visage souriant.

Si les Boche avaient commencé au début par traiter leurs prisonniers avec le respect et l'honneur qui leur sont dus selon la Convention de La Haye, il serait toujours du devoir de chaque prisonnier de s'évader, si possible ; mais alors l'esprit offensif aurait pris fin, car un titulaire de la commission royale doit suivre l'esprit dans lequel cette commission est donnée : le chemin du devoir, même jusqu'à la mort, quelles que soient les circonstances de ce chemin. Mais étant donné le caractère sans scrupules de l'ennemi, comme le montre le traitement réservé à ses prisonniers, il est du devoir de chaque officier et homme valide de mettre en œuvre l'esprit offensif de toutes les manières possibles. Certains hommes ont été magnifiques et ont porté cet esprit jusqu'au plus haut héroïsme possible.

Mais revenons à nos impressions alors que le train nous conduisait progressivement à Londres depuis le port où nous avions débarqué de

Hollande. Tout semblait être comme autrefois. Les longs champs vallonnés délimités par de larges haies, les fermes pittoresques nichées dans des creux, avec du bétail gras paissant sur chaque sommet de colline, le merveilleux vert apaisant des paysages généraux, faisaient pousser un lourd soupir de contentement d'y retourner. Tout semblait comme si nous venions de le quitter. Sur la plate-forme, nous avons vu un grand nombre d'hommes en âge de servir. Les choses doivent sûrement se passer plutôt bien, sinon tous ces hommes seraient en uniforme, ils auraient été mobilisés depuis longtemps ; ou jouait-on encore à la conscription en matière d'exemptions ? Peut-être que tous ceux-là étaient des esquives, qui ne connaissaient pas ou ne se souciaient pas du grand besoin de la patrie dans sa terrible détresse, qui s'étaient opposés dans son manque de préparation , pour la cause de l'honneur et du droit, à la plus grande nation militaire du monde. , organisé jusqu'au dernier homme, et au-delà encore.

Bientôt nous arrivâmes à Londres pour nous présenter immédiatement au War Office. Mais Londres nous a étonnés et consternés. Elle était si vaste. Taxis, autobus et piétons envahissaient les rues comme jamais auparavant, du moins c'est ce qu'il nous semblait. Nous hésitions à traverser la rue, tant la circulation nous paraissait dangereuse et redoutable. Nous avons été bousculés hors du trottoir par des flots constants de gens qui allaient d'un côté à l'autre, dont aucun des visages ne semblait signifier la guerre. On ne voyait pratiquement personne en deuil, alors qu'en Allemagne on en voit partout. Des hommes en uniforme passaient par milliers. Des Tommies qui regardent les paysages et se tiennent en groupes au coin des rues – eh bien, il doit y avoir ici suffisamment d'hommes en uniforme pour former une armée ! Il est certain que si nous en avions besoin, ces gars-là seraient tous au front. Les choses devaient aller très bien, et nous n'avions entendu qu'un morceau d'impertinence colossale. Et c'est ainsi que nous l'avons plus ou moins trouvé.

Chaque hôtel semblait bondé ; il était impossible d'entrer nulle part. Les théâtres aussi tournaient à haute pression ; il faut réserver les places des semaines à l'avance. En fait, tout semblait comme s'il n'y avait pas de guerre du tout, et pourtant l'organisation relative à la guerre était évidente à chaque instant ; et nous avons commencé à ressentir un grand soulagement. Le Vieux Pays était assez grand pour se consacrer à la guerre tout en menant une vie de commerce et de gaieté en même temps. C'était notre idée fière mais stupide à notre retour à Londres.

En conclusion, je voudrais ajouter qu'il n'y a pas un mot dans l'ensemble de ces expériences qui puisse nuire de quelque manière que ce soit aux prisonniers qui restent encore en Allemagne. Dans les rares descriptions d'évasions, de tentatives d'évasion ou d'autres cas contraires aux règlements ennemis que j'ai consignés et auxquels d'autres ont participé, il n'en reste pas un seul en Allemagne. Ils vivent pour la plupart aux Pays-Bas ou en Suisse, et bon nombre d'entre eux sont actuellement chez eux ici en Angleterre. J'aurais pu rendre mon histoire bien plus intéressante et passionnante si la guerre avait pris fin.

Si j'ai donné au lecteur une demi-heure intéressante et satisfait sa curiosité quant aux conditions réelles dans lesquelles travaille un prisonnier de guerre en Allemagne, je me sentirai justifié d'écrire ces expériences.